Übungen zur
Kosten- und Leistungsrechnung

Heinz Rittich

Übungen zur Kosten- und Leistungsrechnung

3. Auflage 2018

Prof. Dr. Heinz Rittich
Hochschule Aschaffenburg
Deutschland

ISBN: 978-3-7460-7850-2

Die Deutsche Nationalbibliothek verzeichnet diese Publikation in der Deutschen Nationalbibliografie; detaillierte bibliografische Daten sind im Internet über http://dnb.dnb.de abrufbar.

Herstellung und Verlag:
BoD – Books on Demand, Norderstedt
ISBN: 978-3-7460-7850-2

Vorwort zur 3. Auflage

Der rege Zuspruch und die damit verbundenen zahlreichen Anregungen inspirierten die nunmehr vorliegende 3. Auflage der Übungen zur Kosten- und Leistungsrechnung.

Das Buch richtet sich an Studierende betriebswirtschaftlicher Studiengänge, die eine Sammlung von Übungsbeispielen und Lösungsmustern zu den wesentlichen Inhalten der Kosten- und Leistungsrechnung suchen.

Insbesondere als Begleitung zu einer Vorlesung der Kosten- und Leistungsrechnung sind die Übungen sehr gut geeignet, um über einen ersten Einstieg hinaus zu einer Vertiefung und Verfestigung der Studieninhalte beizutragen.

In der Neuauflage blieb das bewährte Grundkonzept erhalten. Bei der Neuformulierung flossen jedoch zahlreiche Anregungen von Studierenden sowohl in die Aufgabenstellung als auch in die Lösungsmuster ein, um die Verständlichkeit zu erleichtern. Zudem wurden die leider in der Vorauflage immer noch aufgetretenen Fehler behoben.

Für Hinweise auf Druckfehler und Unklarheiten sowie weitere Anregungen bin ich stets dankbar. Hierfür steht neben dem Postweg an „Prof. Dr. Heinz Rittich, Hochschule Aschaffenburg, Würzburger Str. 45, 63743 Aschaffenburg“ auch die E-Mail-Adresse „Heinz.Rittich@h-ab.de“ zur Verfügung.

Aschaffenburg im Februar 2018 Heinz Rittich

Vorwort zur 1. Auflage

Das vorliegende Buch richtet sich an Studierende betriebswirtschaftlicher Studiengänge, die eine Sammlung von Übungsbeispielen und Lösungsmustern zu den wesentlichen Inhalten der Kosten- und Leistungsrechnung suchen.

Insbesondere als Begleitung zu einer Vorlesung der Kosten- und Leistungsrechnung sind die Übungen sehr gut geeignet, um über einen ersten Einstieg hinaus zu einer Vertiefung und Verfestigung der Studieninhalte beizutragen.

Es wird daher empfohlen, sich die Inhalte zunächst im Rahmen einer Vorlesung oder mit Hilfe eines Lehrbuches zu erschließen, um anschließend den Stoff mit Hilfe dieses Buches zu festigen.

Für Hinweise auf Druckfehler und Unklarheiten sowie weitere Anregungen bin ich stets dankbar. Hierfür steht neben dem Postweg an „Prof. Dr. Heinz Rittich, Hochschule Aschaffenburg, Würzburger Str. 45, 63743 Aschaffenburg“ auch die E-Mail-Adresse „Heinz.Rittich@h-ab.de“ zur Verfügung.

Aschaffenburg im August 2015 Heinz Rittich

Inhalt

Sachverhalt und Fragestellung

1 Grundlagen des Rechnungswesens

Aufgabe 1.1: Einzahlungen/Auszahlungen, Einnahmen/Ausgaben, Erträge/Aufwendungen, Erlöse/Kosten

Sachverhalt

Die C. H. Schmidt AG verzeichnet im August folgende Geschäftsvorfälle:

a) Barverkauf von Fertigerzeugnissen für € 55.000 aus der August-Produktion.

b) Eine im Vorjahr für € 60.000 angeschaffte Maschine wird linear gemäß AfA-Tabelle der Finanzbehörden über 10 Jahre abgeschrieben. Die tatsächliche Nutzungsdauer beträgt 8 Jahre.

c) Durchführung eines Risikomanagement-Seminars durch einen Unternehmensberater. Das vereinbarte Honorar beträgt € 10.000.

d) Eingang einer Kundenzahlung in Höhe von € 15.000 auf dem Bankkonto zur Begleichung einer im Juni gestellten Rechnung.

e) Eingang und Einlagerung von 1.500 kg Rohstoff im Gesamtwert von € 3.000, der auf Ziel gekauft wurde.

f) Überweisung von Löhnen und Gehältern für August in Höhe von € 150.000.

g) Versand der im August hergestellten Pumpen P-103 im Wert von € 80.000 an einen Großhändler. Da bereits im Juni eine Anzahlung in Höhe von € 60.000 erfolgt ist, wird im August nur noch der Restbetrag von € 20.000 überwiesen.

Fragestellung

Stellen Sie eine Tabelle auf, aus der ersichtlich wird, in welcher Höhe diese Vorgänge im August mit Einzahlungen/Auszahlungen, Einnahmen/Ausgaben, Erträgen/Aufwendungen oder Erlösen (bzw. Leistungen)/Kosten verbunden sind!

Aufgabe 1.2: Brutto- und Netto-Ausweis

Sachverhalt

Die Gruber GmbH, ein Hersteller von Schmiermitteln, verzeichnet im August folgende Geschäftsvorfälle:

a) Barverkauf einer Abfüllmaschine mit einem Buchwert von € 10.000,- für € 15.000,-.

b) Barverkauf des Schmiermittels S-40 aus dem Lagerbestand für € 15.000. Der Buchwert beträgt € 10.000,-

Fragestellung

Analysieren Sie die beiden Vorgänge auf ihre Ertrag- und Aufwandswirkung sowie auf die Zahlungswirkung!

Aufgabe 1.3: Ertrags- und Aufwandsarten

Sachverhalt

Einer Ihrer Freunde möchte Sie für den Kauf von Aktien der Rupertus AG begeistern. Er begründet dies damit, dass das Unternehmen hervorragende Gewinne erwirtschaftet, die deutlich über denen der C. H. Schmidt AG liegen. Aus dem Jahresabschluss können Sie folgende Daten ersehen:

Aufwand			Ertrag
Rohstoffe	150.000	Umsatz	200.000
Personal	80.000	Lizenzen	100.000
Abschreibung für Abnutzung	100.000	Mieten für vermietete Gebäude	250.000
Büromateriasl	40.000	Ertrag aus Grundstücksverkauf	400.000
		Zinsen	50.000
Jahresübeschuss	630.000		
	1.000.000		1.000.000

Fragestellung

Untersuchen Sie, was von der Begeisterung Ihres Freundes zu halten ist, indem Sie sowohl die Aufwendungen als auch die Erträge aufspalten!

Aufgabe 1.4: Unterschied zwischen interner und externer Rechnungslegung

Fragestellung

Erläutern Sie die wesentlichen Unterschiede zwischen der externen und internen Rechnungslegung!

2 Kostenartenrechnung

Aufgabe 2.1: Methoden der Verbrauchserfassung

Fragestellung

Stellen Sie die Fortschreibungsmethode dar, nennen Sie die Voraussetzungen für Ihre Einsatzmöglichkeit und listen Sie die Vor- und Nachteile auf!

Aufgabe 2.2: Preisermittlung des Materialverbrauchs

Sachverhalt

Die C. H. Schmidt AG verzeichnet in ihrem Lager für Pumpendichtungen folgende Werte:

Datum	Vorgang	Menge (Stück)	Preis (€/Stück)
01.01.	Anfangsbestand	1.000	10,-
15.03.	Zugang	400	11,-
01.08.	Zugang	1.000	8,-
15.10.	Zugang	400	15,-
31.12.	Endbestand	500	

Zudem sind folgende Entnahmen vorgenommen worden:

Datum	Vorgang	Menge (Stück)
31.01.	Entnahme	500
28.02.	Entnahme	500
31.03.	Entnahme	300
15.08.	Entnahme	800
31.08.	Entnahme	100
20.12.	Entnahme	100

Fragestellung

a) Ermitteln Sie den mengenmäßigen Jahresverbrauch mit Hilfe der Stichtagsinventur!

b) Wie hoch ist der wertmäßige Verbrauch bei Anwendung des gewogenen Durchschnittverfahrens? Mit welchem Wert wird in diesem Fall der Endbestand angesetzt?

c) Wie hoch ist der wertmäßige Verbrauch bei Anwendung der Fortschreibungsmethode? Mit welchem Wert wird in diesem Fall der Endbestand angesetzt?

Aufgabe 2.3: Verbrauchs- und Preiserfassung

Sachverhalt

Am 31. Dezember des Vorjahres betrug der Lagerbestand der C. H. Schmidt AG an Bio-Diesel 120t, der mit 600,- €/t bewertet ist. Der Inventurbestand am 31. Januar beträgt 25t. Für den Monat Januar des laufenden Jahres liegen folgende Informationen über die Zu- und Abgänge vor (Angaben in t):

Datum	Vorgang	Menge (t)	Preis (€/t)
02.01.	Zugang	15	750
08.01.	Zugang	85	800
14.01.	Zugang	50	600
20.01.	Zugang	75	650
27.01.	Zugang	25	800

Datum	Vorgang	Menge (Stück)
05.01.	Entnahme	80
10.01.	Entnahme	40
12.01.	Entnahme	75
18.01.	Entnahme	25
22.01.	Entnahme	100

Fragestellung

a) Ermitteln Sie den Wert des Inventurverlustes! Bestimmen Sie hierbei den Preis mit Hilfe der Methode des gewogenen Durchschnitts!

b) Berechnen Sie den anzusetzenden Wert für die Entnahme am 10. Januar nach der Methode des gleitenden Durchschnitts!

Aufgabe 2.4: Gespaltene und degressive Abschreibung

Sachverhalt

Der Wiederbeschaffungswert einer Abfüllanlage für die Produktion von Rostschutzfarbe beträgt T€ 100.000,-. Die Maschine hat eine Gesamtproduktionskapazität von 100.000.000 Litern und eine maximale Lebensdauer von 10 Jahren. Die Jahresproduktion beträgt in diesem Jahr 25.000.000 Liter.

Fragestellung

a) Berechnen Sie die Abschreibung nach dem Verfahren der gespaltenen Abschreibung

b) Berechnen Sie die Abschreibung nach der arithmetisch-degressiven Methode!

c) Berechnen Sie die Abschreibung nach der geometrisch-degressiven Methode unter der Annahme, dass (gem. § 7 Abs. 2 EStG für bewegliche Anlagegüter, die in 2009 oder 2010 angeschafft wurden) der Abschreibungssatz maximal 25 % und maximal das 2,5fache der linearen Abschreibung betragen dürfte! In welchem Jahr wäre ein Wechsel zur linearen Abschreibung sinnvoll?

Aufgabe 2.5: Kalkulatorische Kapitalkosten

Ein Pumpenhersteller stellt Ihnen folgende Informationen per 31.12.2001 zur Verfügung:

Aktiva							Passiva
A		Anlagevermögen		A		A Eigenkapital	
	1	Grundstücke	1.500.000		1	Gezeichnetes Kapital	2.500.000
	2	Gebäude	7.500.000		2	Kapitalrücklagen	0
	3	Anlagen und Maschinen	5.000.000		3	Jahresüberschuss	500.000
	4	Betriebs- u. Geschäftsausstattung	1.000.000	B		Rückstellungen	
B		Umlaufvermögen			1	Pensionsrückstellungen	3.000.000
	1	Vorräte	3.500.000		2	Sonstige Rückstellungen (≤ 1 Jahr)	800.000
	2	Forderungen	750.000		3	Sonstige Rückstellungen (> 1 Jahr)	1.200.000
	3	Wertpapiere	500.000	C		Verbindlichkeiten	
	4	Kassenbestand	250.000		1	Verbindlichkeiten gg. Kreditinstituten	10.000.000
					2	Erhaltenen Anzahlungen	500.000
					3	Verbindlichkeiten aus Lieferungen	1.500.000
			20.000.000				20.000.000

Anlagevermögen

20 % der Grundstücke werden betriebsfremd genutzt. Der Wiederbeschaffungswert aller Grundstücke beträgt € 3.000.000.

Die Gebäude haben eine Nutzungsdauer von 50 Jahren, von denen bereits 20 Jahre abgeschrieben wurden. Der Wiederbeschaffungswert beträgt € 15.000.000.

Der Wiederbeschaffungswert der Anlagen beträgt € 6.250.000. Hierin ist jedoch eine Maschine im Wiederbeschaffungswert von € 500.000 enthalten, die aufgrund des technischen Fortschritts nicht mehr zum Einsatz kommt. Die Nutzungsdauer der Anlagen beträgt 10 Jahre, wovon 2 Jahre bereits abgeschrieben sind.

Der Anschaffungswert der Betriebs- und Geschäftsausstattung beträgt € 1.300.000, der Wiederbeschaffungswert € 1.500.000 und der aktuelle Veräußerungswert € 800.000. Die Nutzungsdauer beträgt 5 Jahre, wovon 2 Jahre bereits abgeschrieben sind.

Umlaufvermögen

Der Bestand an Vorräten betrug zum 31.12.2000 € 4.000.000.

Der Forderungsbestand betrug zum 31.12.2000 € 250.000.

Bei den Wertpapieren handelt es sich um überschüssige finanzielle Mittel, die kurzfristig in Geldmarktpapiere angelegt wurden.

Der Kassenbestand entspricht der betriebsnotwendigen Barreserve. Der Bestand per 31.12.2001 entspricht dem Durchschnittsbestand.

Fremdkapital

Die Pensionsrückstellungen sind mit dem gesetzlich vorgeschriebenen Zinssatz zu verzinsen.

Die Verbindlichkeiten gegenüber Kreditinstituten werden marktüblich verzinst.

Für die Kundenanzahlungen fällt keine Verzinsung an.

Bei den Verbindlichkeiten aus Lieferungen und Leistungen wurde auf den grundsätzlich möglichen Skontoabzug verzichtet.

Fragestellung

a) Berechnen Sie das betriebsnotwendige Vermögen, wenn für das abnutzbare Anlagevermögen die Restwertmethode angewendet wird, und leiten Sie anschließend das betriebsnotwendige Kapital ab!

b) Bestimmen Sie auf Basis des unter a) ermittelten betriebsnotwendigen Kapitals die jährlichen kalkulatorischen Gesamtkapitalkosten bei einem Kalkulationszins von 20 % für die Eigenkapitalgeber sowie durchschnittlich 8 % für das Fremdkapital. Gehen Sie hierbei davon aus, dass der Marktwert des Fremdkapitals dem Buchwert entspricht und der Marktwert des Eigenkapitals € 4.400.000 beträgt!

c) Lesen Sie bei Däumler/Grabe den Unterschied zwischen dem betriebsnotwendigen Kapital ohne Abzug von Abzugskapital und mit Abzug von Abzugskapital nach und bestimmen Sie beide Werte!

Aufgabe 2.6: Abgrenzungsrechnung

Sachverhalt

Aus der Finanzbuchhaltung eines als Personengesellschaft geführten Werkzeugherstellers können für den Februar folgende Erträge und Aufwendungen entnommen werden (in T€):

Aufwand			Ertrag		
Materialverbrauch		630	Umsatz		1.000
Löhne und Gehälter		150	Sonstige betrieblichen Erträge		25
Abschreibung für Abnutzung		25	… davon:		
Gebäudemiete		75	Auflösung von Rückstellungen:	20	
Werbung		10	Mieten für vermietete Gebäude	5	
KFZ (ohne AfA)		18			
Zinsen		11			
Außerordentliche Aufwendungen		26			
Gewerbesteuer		4			
Grundsteuer		4			
… davon für vermietete Gebäude	1				

Im Rahmen der Kosten- und Leistungsrechnung sind noch folgende Informationen zu berücksichtigen:

- Bei den Löhnen und Gehältern fallen jährlich im Dezember T€ 120 Aufwendungen für Weihnachtsgeld an.
- Die tatsächliche Nutzungsdauer der Maschinen wird länger veranschlagt, als dies im externen Rechnungswesen ausgewiesen wurde. Es wird daher von einer kalkulatorischen Abschreibung von T€ 10 pro Monat ausgegangen.
- Der kalkulatorische Unternehmerlohn wird mit T€ 15 pro Monat veranschlagt.
- Die kalkulatorischen Gesamtkapitalkosten werden mit T€ 20 pro Monat angesetzt.

Fragestellung

Ermitteln Sie aus den angegebenen Informationen mit Hilfe einer Abgrenzungsrechnung die Kosten und Leistungen der internen Erfolgsrechnung, indem Sie die nachfolgende Tabelle ausfüllen! Bestimmen Sie insbesondere folgende Werte:

- das Ergebnis der gewöhnlichen Geschäftstätigkeit (externes Rechnungswesen)
- das außerordentliche Ergebnis (externes Rechnungswesen)
- den Jahresüberschuss (externes Rechnungswesen)
- den internen Erfolg

		Rechungskreis I		Rechnungskreis II							
		Finanzbuchhaltung		Abgrenzungsrechnung						KLR	
		Externer Erfolg		Betriebsfremde Aufwendungen u. Erträge		Außerordentliche Aufwendungen u. Erträge		Verrechnungskorrekturen		Interner Erfolg	
	Konto	**Aufwand**	**Ertrag**	**Neutr. Aufwand**	**Neutr. Ertrag**	**Neutr. Aufwand**	**Neutr. Ertrag**	**Aufwand lt. FiBu**	**Verrechnete Kosten**	**Kosten**	**Leistungen**
1	Umsatzerlöse										
2	Erhöhung/Verminderung d Bestands an fertigen u. unfertigen Erzeugnissen										
3	Andere Aktivierte Eigenleistungen										
4	Sonstige betriebliche Erträge										
5	Materialaufwand										
6	Personalaufwand										
7	Abschreibungen										
8	Sonstige betriebliche Aufwendungen										
9	Erträge aus Beteiligungen										
10	Erträge aus anderen Wertpapieren										
11	Sonstige Zinsen u. ähnliche Ertäge										
12	Abschreibungen auf Finanzanlagen u Wertpapiere des Umlaufvermögens										
13	Zinsen u. ähnliche Aufwendungen										
14	**Ergebnis der gewöhnlichen Geschäftstätigkeit**			xxxxxx		xxxxxx		xxxxxx		xxxxxx	
15	Außerordentliche Erträge										
16	Außerordentliche Aufwendungen										
17	**Außerordentliches Ergebnis**			xxxxxx		xxxxxx		xxxxxx		xxxxxx	
18	Steuern vom Einkommen u. Ertrag										
19	Sonstige Steuern										
20	**Jahresüberschuss/-fehlbetrag**			xxxxxx		xxxxxx		xxxxxx		xxxxxx	
	Summe der Korrekturen	xxxxxxx	xxxxxx							xxxxxxx	xxxxxxx
	Saldo der Korrekturen	xxxxxxx								xxxxxx	
	Interner Erfolg	xxxxxxx		xxxxxxx		xxxxxxx		xxxxxx			

3 Kostenstellenrechnung

Aufgabe 3.1: Stufenleiterverfahren

Sachverhalt

Die C. H. Schmidt AG verfügt über die Hilfskostenstellen Kraftwerk (KSt 1) und Werkstatt (KSt 2), die neben ihren Leistungen an die Endkostenstellen KSt 3 und KSt 4 auch gegenseitig Leistungen austauschen. Die entsprechenden Leistungsverflechtungen sowie die für die einzelnen Kostenstellen ermittelten Kosten vor Verrechnung ergeben sich wie folgt:

Primäre Gemeinkosten		Abgegebene Leistung des Kraftwerks an		Abgegebene Leistung der Werkstatt an	
KSt 1	10.050 €			KSt 1	200 Std
KSt 2	45.500 €	KSt 2	2.000 kWh		
KSt 3	150.000 €	KSt 3	25.000 kWh	KSt 3	400 Std
KSt 4	120.000 €	KSt 4	40.000 kWh	KSt 4	100 Std

Fragestellung

Führen Sie die innerbetriebliche Leistungsverrechnung nach dem Stufenleiterverfahren durch! Achten Sie hierbei auf eine sachgerechte Reihung der Vorkostenstellen und geben Sie die Verrechnungspreise auf 4 Nachkommastellen genau an! Begründen Sie die Reihenfolge der Vorkostenstellen kurz!

Aufgabe 3.2: Stufenleiterverfahren

Sachverhalt

Im Werk Hamburg der C. H. Schmidt AG wurden vier Fertigungskostenstellen (KSt 1–4) eingerichtet. In KSt 1 arbeiten 50, in KSt 2 arbeiten 75, in KSt 3 arbeiten 50 und in KSt 4 arbeiten 100 Mitarbeiter.

Für den innerbetrieblichen Transport wurde eine eigene Hilfskostenstelle KSt 5 eingerichtet, für die 10 Mitarbeiter beschäftigt sind. Monatlich werden 1.500 kg Rohstoff für KST 1, 2.500 kg für KSt 2, 1.000 kg für KSt 3 sowie 2.000 kg für KSt 4 transportiert.

Die Verpflegung der Mitarbeiter erfolgt über eine Kantine (KSt 6), in der 5 Mitarbeiter beschäftigt sind.

Es fallen monatlich folgende primäre Gemeinkosten an:

KSt 1	250.000 €	KSt 4	450.000 €
KSt 2	300.000 €	KSt 5	135.000 €
KSt 3	150.000 €	KSt 6	142.500 €

Fragestellung

Verteilen Sie die primären Gemeinkosten der Transportstelle und der Kantine unter Anwendung des Stufenleiterverfahrens auf die Fertigungs-Kostenstellen! Beachten Sie die sachgerechte Reihenfolge der Vorkostenstellen!

Aufgabe 3.3: Simultanes Gleichungsverfahren

Sachverhalt

Die Gruber GmbH verfügt über die Hilfskostenstellen Kraftwerk (KSt 1) und Werkstatt (KSt 2), die neben ihren Leistungen an die Endkostenstellen KSt 3 und KSt 4 auch gegenseitig Leistungen austauschen. Die entsprechenden Leistungsverflechtungen sowie die für die einzelnen Kostenstellen ermittelten Kosten vor Verrechnung ergeben sich wie folgt:

Primäre Gemeinkosten		Abgegebene Leistung des Kraftwerks an		Abgegebene Leistung der Werkstatt an	
KSt 1	10.050 €			KSt 1	200 Std
KSt 2	45.500 €	KSt 2	2.000 kWh		
KSt 3	150.000 €	KSt 3	25.000 kWh	KSt 3	400 Std
KSt 4	120.000 €	KSt 4	40.000 kWh	KSt 4	100 Std

Fragestellung

a) Bestimmen Sie die Verrechnungspreise für eine kWh Strom und Reparaturstunde mit Hilfe des simultanen Gleichungsverfahrens! Gestalten Sie Ihre Rechnung so transparent, dass man die Vorgehensweise klar nachvollziehen kann! Geben Sie Ihr Ergebnis auf 4 Nachkommastellen genau an!

b) Verteilen Sie die primären Gemeinkosten von Kraftwerk und Werkstatt unter Rückgriff auf Ihr Ergebnis aus a!

Aufgabe 3.4: Gesamtschrittverfahren

Sachverhalt

Die Rupertus AG verfügt über die Hilfskostenstellen Kraftwerk (KSt 1) und Werkstatt (KSt 2), die neben ihren Leistungen an die Endkostenstellen KSt 3 und KSt 4 auch gegenseitig Leistungen austauschen. Die entsprechenden Leistungsverflechtungen sowie die für die einzelnen Kostenstellen ermittelten Kosten vor Verrechnung ergeben sich wie folgt:

Primäre Gemeinkosten		Abgegebene Leistung des Kraftwerks an		Abgegebene Leistung der Werkstatt an	
KSt 1	15.720 €			KSt 1	300 Std
KSt 2	50.000 €	KSt 2	4.000 kWh		
KSt 3	150.000 €	KSt 3	25.000 kWh	KSt 3	600 Std
KSt 4	120.000 €	KSt 4	71.000 kWH	KSt 4	100 Std

Fragestellung

Bestimmen Sie die Verrechnungspreise für eine kWh Strom und Reparaturstunde mit Hilfe des Gesamtschrittverfahrens als einer Variante der Iterationsverfahren! Nehmen Sie hierbei drei Iterationsschritte vor! Gestalten Sie Ihre Rechnung so transparent, dass man die Vorgehensweise klar nachvollziehen kann! Geben Sie Ihr Ergebnis auf 4 Nachkommastellen genau an!

4 Kostenträgerrechnung

Aufgabe 4.1: Äquivalenzziffernkalkulation

Sachverhalt

Die C. H. Schmidt AG stellt von den Produkten (1) 5.000 Stück, (2) 8.000 Stück und (3) 4.000 Stück her. Für die Verteilung der Kosten auf die einzelnen Produkte soll das Äquivalenzziffernverfahren angewandt werden. Es liegen folgende Daten vor:

	€/Per.	(1)	(2)	(3)
Materialkosten	30.000	0,6	1,8	1
Fertigungskosten	90.000	0,8	1,4	1
Verwaltungs- und Vertriebskosten	20.000	1,5	0,8	1

Fragestellung

a) Berechnen Sie mit Hilfe des mehrstufigen Äquivalenzziffernverfahrens die Material-, Fertigungs- sowie die Verwaltungs- und Vertriebskosten, die auf eine Produkteinheit entfallen! (Rechnen Sie mit allen verfügbaren Nachkommastellen Ihres Rechners!)

b) Greifen Sie auf Ihre unter a) ermittelten Ergebnisse zurück und ermitteln Sie die Gesamt- und die Stückkosten je Produkt!

Aufgabe 4.2: Ermittlung von Zuschlagssätzen für die Produktkalkulation

Sachverhalt

Der Gruber GmbH AG liegen über die Produktion der Produkte (1) und (2) folgende Informationen vor:

	(1)	(2)
Hergestellte Menge (kg)	2.000	4.000
Abgesetzte Menge (kg)	2.000	4.000
Verkaufspreis (€/kg)	100	250
Materialeinzelkosten gesamt (€)	20.000	50.000
Fertigungseinzelkosten gesamt (€)	50.000	75.000
Produktionszeit im Fertigungsbereich je kg (Min./kg)	5,00	7,50

Für die beiden Produkte fallen Gemeinkosten in Höhe von € 222.125 an, die sich wie folgt aufteilen:

Summe	Materialbereich		Fertigungsbereich		Verwaltungsbereich		Vertriebsbereich	
	fix	variabel	fix	variabel	fix	variabel	fix	variabel
222.125	21.000	14.000	75.000	50.000	35.500	0	13.675	12.950

Fragestellung

a) Bestimmen Sie auf Basis der mehrstufigen prozentualen Zuschlagskalkulation die Herstell- sowie die Selbstkosten auf Vollkostenbasis!

b) Bestimmen Sie auf Basis der mehrstufigen prozentualen Zuschlagskalkulation die variablen Herstell- sowie die variablen Selbstkosten je Produkt sowie die gesamten Selbstkosten (falls sinnvoll pro Produkt)!

c) Bestimmen Sie analog zu b) die variablen Herstell- und die variablen Selbstkosten je Produkt sowie die gesamten Selbstkosten (falls sinnvoll pro Produkt) unter Anwendung der prozentualen Zuschlagskalkulation für den Material-, Verwaltungs- und Vertriebsbereich! Verrechnen Sie die Gemeinkosten des Fertigungsbereichs diesmal jedoch auf Basis der Produktionszeiten!

5 Betriebsergebnisrechnung

Aufgabe 5.1: Bestimmung des internen Betriebsergebnisses nach dem Gesamtkostenverfahren

Sachverhalt

Aus der Betriebsabrechnung eines Unternehmens können für den Juli folgende Kosten entnommen werden (in €):

Umsatz Produktgruppe I	1.300.000	kalkulatorische Miete:	25.000
Umsatz Produktgruppe II	700.000	kalkulatorischer	15.000
Fertigungsmaterial:	250.000	kalkulatorische AfA	18.000
Fertigungslöhne:	750.000	kalkulatorischer	15.000
Hilfslöhne:	100.000	sonstige Kosten	30.000
Sozialkosten:	200.000		

Zudem sind eine Bestandsminderung bei den fertigen Erzeugnissen und eine Bestandsmehrung bei den unfertigen Erzeugnissen zu berücksichtigen. Die entnommenen Fertigprodukte werden mit Herstellkosten i. H. v. T€ 120.000 und die auf Lager genommenen unfertigen Erzeugnisse i. H. v. T€ 150.000 bewertet.

Fragestellung

a) Bestimmen Sie den internen Betriebserfolg nach dem Gesamtkostenverfahren in Staffelform!

b) Begründen Sie, warum sich der Betriebserfolg nicht für die einzelnen Produktgruppen bestimmen lässt! Gehen Sie hierbei auch kurz auf die Problematik von Bestandsveränderungen ein!

Aufgabe 5.2: Umsatzkostenverfahren auf Vollkostenbasis

Sachverhalt

Ein Unternehmen fertigt zwei Produkte, für die folgende Zahlen bekannt sind:

Monatliche Gemeinkosten	€/Mon.
Materialgemeinkosten (MGK)	16.000
Fertigungsgemeinkosten (FGK)	123.750
Verwaltungs und Vertriebsgmeinkosten (VwVtGK)	83.975

Januar	(1)	(2)
Hergestellte Menge (kg)	4.000	2.500
Abgesetzte Menge (kg)	4.000	2.500
Verkaufspreis (€/kg)	100	225
Materialeinzelkosten gesamt (€)	100.000	150.000
Fertigungseinzelkosten gesamt (€)	200.000	250.000

Februar	(1)	(2)
Hergestellte Menge (kg)	4.000	2.500
Abgesetzte Menge (kg)	3.000	2.400
Verkaufspreis (€/kg)	100	225
Materialeinzelkosten gesamt (€)	100.000	150.000
Fertigungseinzelkosten gesamt (€)	200.000	250.000

Fragestellung

a) Berechnen Sie das interne Betriebsergebnis je Produkt für Januar nach dem Umsatzkostenverfahren auf Vollkostenbasis mit Hilfe der Zuschlagskalkulation!

b) Berechnen Sie das interne Betriebsergebnis je Produkt für Februar nach dem Umsatzkostenverfahren auf Vollkostenbasis mit Hilfe der Zuschlagskalkulation!

c) Welches Produkt sollte aufgrund der unter b) gewonnenen Ergebnisse kurzfristig eingestellt werden?

Aufgabe 5.3: Umsatzkostenverfahren auf Voll- und Teilkostenbasis

Sachverhalt

Ein Unternehmen fertigt zwei Produkte, für die folgende Zahlen bekannt sind:

Monatliche Gemeinkosten	€/Mon.	davon variabel (%)
Materialgemeinkosten (MGK)	27.000	25
Fertigungsgemeinkosten (FGK)	190.000	20
Verwaltungs und Vertriebsgmeinkosten (VwVtGK)	72.200	10

Januar	(1)	(2)
Hergestellte Menge (Stck.)	10.000	7.500
Abgesetzte Menge (Stck.)	8.000	5.000
Verkaufspreis (€/Stck.)	50	40
Materialeinzelkosten gesamt (€)	200.000	70.000
Fertigungseinzelkosten gesamt (€)	275.000	200.000

Fragestellung

a) Berechnen Sie das interne Betriebsergebnis je Produkt nach dem Umsatzkostenverfahren auf Vollkostenbasis mit Hilfe der prozentualen Zuschlagskalkulation!

b) Berechnen Sie den Deckungsbeitrag sowie das interne Betriebsergebnis (sofern sachgerecht: je Produkt) nach dem Umsatzkostenverfahren auf Teilkostenbasis mit Hilfe der prozentualen Zuschlagskalkulation!

c) Kann das interne Betriebsergebnis kurzfristig durch eine Produkteliminierung gesteigert werden? Begründen Sie Ihre Antwort kurz!

d) Sie werden bei Aufgabe a) und b) unterschiedliche interne Betriebsergebnisse berechnet haben. Erklären Sie, warum sich dieser Unterschied ergibt!

6 Deckungsbeitragsrechnung

Aufgabe 6.1: Fixkosten- und Gemeinkosten

Sachverhalt und Fragestellung

Ein frisch von der C. H. Schmidt AG eingestellte Hochschulabsolvent erhält von seinem Abteilungsdirektor die Aufgabe, die Gemein- und die Fixkosten zu bestimmen, die bei der Produktion eines Produktes anfallen. Etwas irritiert wendet sich der junge Mann an Sie, da nach seiner Meinung Gemeinkosten immer gleichzeitig Fixkosten sind und umgekehrt. Erläutern Sie ihm den Sachverhalt!

(Lesen Sie hierzu die Ausführungen in Däumler/Grabe nach: Während in der Vorlesung die Einzel- und Gemeinkosten lediglich auf Stückebene untersucht werden, gehen Däumler/Grabe auch auf die Produkt-, Produktgruppen, Geschäftsbereichsebene etc. ein.)

Aufgabe 6.2: Preisfindung durch Aufschlagskalkulation

Sachverhalt

Einem frisch von der Gruber GmbH eingestellten Hochschulabsolventen wird von seinem Abteilungsdirektor erklärt, dass der Preis für Produkt 1 ermittelt wird, indem auf die Selbstkosten 75 % aufgeschlagen werden. Die Selbstkosten würden auf Basis der Kostenfunktion $K = 10.000 + 5x$ ermittelt. (mit K = Gesamtkosten, x = Absatzmenge)

Fragestellung

a) Helfen Sie dem jungen Mann, auf Basis dieser Informationen eine Preisfunktion in Abhängigkeit von der Absatzmenge zu ermitteln!

b) Untersuchen Sie, ob diese Preisfindung sachgerecht ist! Analysieren Sie hierzu die Auswirkungen von Nachfrageschwankungen auf den Preis, indem Sie von den alternativen Absatzmengen 200 und 600 Stück ausgehen!

7 Programmoptimierung

Aufgabe 7.1: Programmoptimierung ohne Engpässe

Sachverhalt

Die Satur-AG stellt die Produkte 1, 2 und 3 her, über die folgende Daten vorliegen:

Produkt	x (Kg/Monat))	x_{max} (Kg/Monat)	x_{min} (Kg/Monat)	p (€/Kg)	k (€/Kg)	k_v (€/Kg)	K (€)
1	8.000	15.000	7.000	6	5	4	40.000
2	12.000	18.000	5.000	8	10	1	120.000
3	10.000	12.000	8.000	12	5	4	50.000

Mit

x	ursprüngliche Absatzmenge	(Kg/Monat)
x_{max}	Absatzhöchstmenge	(Kg/Monat)
x_{min}	Absatzmindestmenge	(Kg/Monat)
p	Verkaufspreis je Kg	(€/Kg)
k	Stückkosten	(€/Kg)
k_v	variable Stückkosten	(€/Kg)
K	Kosten je Produkt	(€/Monat)

Die Geschäftsführung will das Absatzprogramm unter Berücksichtigung der Höchst- und Mindestmengen optimieren.

Fragestellung

a) Wie hoch ist in der Ausgangssituation der Gewinn G_a?

b) Wie wird das neue Programm gestaltet, wenn als Entscheidungskriterium die Vollkostenrechnung angewendet wird? Geben Sie den zugehörigen Gewinn G_b an!

c) Wie wird das neue Programm gestaltet, wenn als Entscheidungskriterium die Deckungsbeitragsrechnung angewendet wird? Geben Sie den zugehörigen Gewinn G_c an!

Aufgabe 7.2: Programmoptimierung bei einem Engpass

Sachverhalt

Aufgrund von Umbaumaßnahmen entsteht im Fertigwarenlager der Schmidt GmbH ein Lagerengpass. Vor Beginn der Arbeiten stellte sich die Lage wie folgt dar:

Produkt	x (Kg/Monat)	p (€/kg)	k_v (€/Kg)	$d = p - k_v$	D = d x (€/Monat)	Rang nach d
1	10.000	300,-	150,-	150,-	1.500.000	1
2	10.000	250,-	130,-	120,-	1.200.000	2
3	10.000	350,-	274,-	76,-	760.000	3
4	10.000	270,-	220,-	50,-	500.000	4
5	10.000	190,-	150,-	40,-	400.000	5
Bruttogewinn					4.360.000	
- Fixkosten					2.000.000	
= Nettogewinn					2.360.000	

Vor Beginn der Umbaumaßnahmen reichte die Lagerfläche von 380 m^2 gerade noch aus. Während des Umbaus stehen jedoch nur 190 m^2 zur Verfügung. Die Lagerverwaltung schlägt daher vor, für den Zeitraum des Umbaus jeweils nur die Hälfte der Produkte je Monat zu produzieren. Vom Vertrieb wird hingegen vorgeschlagen, bevorzugt die Produkte mit dem höchsten Stückdeckungsbeitrag zu produzieren, bis dass die Lagerkapazität ausgeschöpft ist.

Es stehen noch folgende Informationen zur Verfügung:

Produkt	e Lagerbeanspruchung (m^2 / Kg))	x_{min} Mindestmengen (Kg/Monat)	x_{max} Höchstmengen (Kg/Monat)
1	0,015	3.000	10.000
2	0,015	3.000	10.000
3	0,004	3.000	10.000
4	0,002	3.000	10.000
5	0,002	3.000	10.000

Fragestellung

a) Berechnen Sie den Nettogewinn, der pro Monat erzielt würde, wenn man den Vorschlag der Lagerverwaltung umsetzt!

b) Berechnen Sie den Nettogewinn, der sich bei Umsetzung des Vorschlages des Vertriebs ergibt!

c) Ermitteln Sie das Nettogewinnmaximum mit Hilfe der spezifischen Deckungsbeiträge unter Anwendung des Drei-Schritte-Verfahrens!

Aufgabe 7.3: Programmoptimierung bei einem Engpass und ganzzahliger Produktion

Sachverhalt

Die Lukas AG stellt mit einer Gruppe von Facharbeitern die Spezialmaschinen 1, 2 und 3 her. Die gesamte Arbeitzeit der Gruppe beträgt 660 Stunden pro Periode. Zudem sind folgende Daten bekannt:

Produkt	x_{min} (Stück/Periode)	x_{max} (Stück/Periode)	d (€/Stück)	t (Std/Stück)
1	1	20	13.200	60
2	1	20	10.000	50
3	1	20	10.750	50

Fragestellung

a) Bestimmen Sie das optimale Produktionsprogramm unter Anwendung des Drei-Schritte-Verfahrens! Wie hoch ist der gesamte erwirtschaftete Deckungsbeitrag? (Beachten Sie, dass nur ganze Maschinen produziert und verkauft werden können!)

b) Zeigen Sie auf, dass das unter a) ermittelte Ergebnis nicht optimal ist und verdeutlichen Sie, warum hier das Drei-Schritte-Verfahren nicht angewandt werden kann

Aufgabe 7.4: Programmoptimierung bei mehreren Engpässen im Zwei-Güter Fall

Sachverhalt

Die Gruber GmbH fertigt auf drei Maschinen die Produkte (A) und (B). Es sind folgende Daten bekannt:

Maschine 1			
-	Gesamtkapazität T	720	h
-	Inanspruchnahme t_A für ein kg von Produkt A:	4	h
-	Inanspruchnahme t_B für ein kg von Produkt B:	9	h
Maschine 2			
-	Gesamtkapazität	820	h
-	Inanspruchnahme t_A für ein kg von Produkt A:	10	h
-	Inanspruchnahme t_B für ein kg von Produkt B:	4	h
Maschine 3			
-	Gesamtkapazität	800	h
-	Inanspruchnahme t_A für ein kg von Produkt A:	8	h
-	Inanspruchnahme t_B für ein kg von Produkt B:	8	h

Fragestellung

a) Geben Sie jeweils die Funktionsgleichungen für die Kapazitätslinien der einzelnen Maschinen an!

b) Zeichnen Sie das Möglichkeitsgebiet des Unternehmens und bestimmen sie die Kapazitätslinie! Beschriften Sie Ihre Zeichnung exakt!

c) Produkt A erwirtschaftet einen Deckungsbeitrag von 15 €/kg während Produkt B einen Deckungsbeitrag von 10 €/kg erwirtschaftet. Zeichnen Sie die Isodeckungsbeitragslinie in Ihre unter b) erstellte Grafik ein und bestimmen Sie grafisch und rechnerisch das gewinnmaximale Produktionsprogramm! Beschriften Sie Ihre Zeichnung exakt!

Aufgabe 7.5: Programmoptimierung bei mehreren Engpässen im Zwei-Güter Fall: Sensitivitätsanalyse

Sachverhalt

Greifen Sie auf die Lösung aus Aufgabe 7.4 zurück und gehen Sie von einem Verkaufspreis für Produkt A von € 20 und für Produkt B von € 18 aus!

Fragestellung

a) Analysieren Sie, inwieweit sich der Verkaufspreis von Produkt A cet. par. mindestens ändern müsste, damit im optimalen Produktionsprogramm im Vergleich zu Aufgabe 7.4 weniger von Produkt A und mehr von Produkt B produziert wird!

b) Wie würde das unter a) ermittelte optimale Produktionsprogramm aussehen? Welcher Bruttogewinn wird dabei erwirtschaftet?

c) Wie müsste sich der Verkaufspreis von Produkt A entwickeln, damit nur noch Produkt B produziert werden sollte?

Aufgabe 7.6: Programmoptimierung bei mehreren Engpässen im Mehrgüterfall: Die Simplex-Methode

Sachverhalt

Die C. H. Schmidt AG erwirtschaftet mit den drei Produkten (A), (B) und (C) jeweils 3, 12 und 6 € Deckungsbeitrag. Bei der Produktion werden vier Maschinen eingesetzt. Die insgesamt zur Verfügung stehende Maschinenkapazität sowie die Inanspruchnahme der Maschinen bei der Produktion der einzelnen Produkte werden aus der unten stehenden Tabelle ersichtlich.

	Kapazitätsinanspruchnahme (Min./Stck.)			
Prod.	Maschine 1	Maschine 2	Maschine 3	Maschine 4
A	4	2	4	2
B	8	8	4	4
C	2	2	4	2

Abb. 1: Kapazitätsinanspruchnahme der Maschinen durch die Produkte

Die Kapazitäten betragen für die 1. Maschine 400 Min., die 2. Maschine 320 Min., die 3. Maschine 520 Min und für die 4. Maschine 280 Min. Auf die Angabe von Höchstmengen wollen wir vorerst verzichten, auch wenn man sie problemlos berücksichtigen könnte. Die Deckungsbeiträge für A, B und C sollen € 3, € 12 und € 6 betragen. Wenn Sie Lust haben, können Sie das Beispiel ja bei Gelegenheit entsprechend erweitern.

Fragestellung

Bestimmen Sie mit Hilfe der Simplexmethode, mit welchem Produktionsprogramm der Gesamtdeckungsbeitrag maximiert wird! Geben Sie sowohl den Gesamtdeckungsbeitrag als auch die noch freien Kapazitäten der einzelnen Maschinen an!

8 Gestufte Fixkostendeckungsrechnung

Aufgabe 8.1: Stufenweise Fixkostendeckungsrechnung: Generelle Aussagen

Fragestellung

Streichen Sie in dem folgenden Text die nicht zutreffenden Teile:

Die Deckungsbeitragsrechnung wird um die stufenweise Fixkostendeckungsrechnung erweitert, um Produktionsprogramme *kurz/langfristig* zu optimieren. Es ist dazu *zweckmäßig/unzweckmäßig*, die Bereichsfixkosten auf die einzelnen Produktgruppen zu schlüsseln. Eine sinnvolle Anwendung ist insbesondere bei *funktional/divisional* strukturierten Unternehmen gegeben.

Aufgabe 8.2: Stufenweise Fixkostendeckungsrechnung

Sachverhalt

Die Äsop-AG stellt folgende Produkte her:

- die Schmerzmittel (1) und (2)
- die Leistung steigernden Mittel (3), (4) und (5)
- die Beruhigungsmittel (6) und (7)
- die Körperpflegemittel (8) und (9)

Wie die nachfolgende Deckungsbeitragsrechnung aufzeigt, weist das Unternehmen für das letzte Jahr ein negatives Betriebsergebnis auf:

	Zulassungspflichtig					Nicht zulassungspflichtig			
	Schmerzmittel		Leistungsteigernde Mittel			Beruhigungsmittel		Körperpflegemittel	
	001	002	003	004	005	006	007	008	009
Absatzmenge	120.000	60.000	240.000	60.000	24.000	180.000	96.000	60.000	24.000
x Preis	15	20	85	80	125	20	15	20	15
= Erlös	1.800.000	1.200.000	20.400.000	4.800.000	3.000.000	3.600.000	1.440.000	1.200.000	360.000
./. Materialeinzelkosten	560.000	450.000	8.665.000	1.900.000	785.000	850.000	320.000	160.000	200.000
./. Var. Materialgemeinkosten	112.000	90.000	1.733.000	380.000	157.000	170.000	64.000	32.000	40.000
./. Fertigungseinzelkosten	800.000	500.000	8.000.000	1.745.000	890.000	1.350.000	350.000	120.000	255.000
./. Var. Fertiungsgemeinkosten	80.000	50.000	800.000	174.500	89.000	135.000	35.000	12.000	25.500
= DB	**248.000**	**110.000**	**1.202.000**	**600.500**	**1.079.000**	**1.095.000**	**671.000**	**876.000**	**-160.500**
./. Fixkosten	5.750.000								
= Betriebsergebnis	**-29.000,00**								

Um das Betriebsergebnis zu verbessern, möchte die Geschäftsleitung die verlustbringenden Produkte, Produktgruppen oder Geschäftsbereiche eliminieren. Zur besseren Analyse der Situation führt sie die stufenweise Fixkostendeckungsrechnung ein. Aus der Kosten- und Leistungsrechnung sind folgende Werte bekannt:

Für den Geschäftsbereich „Zulassungspflichtige Produkte" entstehen Fixkosten in Höhe von 50.000 €/Jahr, für den Geschäftsbereich „Nicht zulassungspflichtige Produkte" hingegen 100.000 €/Jahr.

Für die einzelnen Produktgruppen ergeben sich folgende Fixkosten (€/Jahr):

- Schmerzmittel	200.000
- Leistungssteigernde Mittel	250.000
- Beruhigungsmittel	150.000
- Körperpflegemittel	250.000

An Produktfixkosten fallen an (in €/Jahr):

001	200.000
002	100.000
003	950.000
004	550.000
005	1.000.000
006	850.000
007	600.000
008	150.000
009	250.000

An Unternehmensfixkosten entstehen 100.000 €/Jahr.

Fragestellung

a) Führen Sie die gestufte Fixkostendeckungsrechnung durch!

b) Welche Produkte, Produktgruppen oder Geschäftsbereiche sollten kurzfristig eliminiert werden? Wie hoch ist in diesem Fall das Betriebsergebnis nach der Produkteliminierung?

c) Welche Produkte, Produktgruppen oder Geschäftsbereiche sollten langfristig eliminiert werden? Wie hoch ist in diesem Fall das Betriebsergebnis nach der Produkteliminierung?

9 Wahl des optimalen Produktionsverfahrens

Aufgabe 9.1: Kurzfristige Verfahrenswahl ohne Engpass

Sachverhalt

Die Gruber GmbH benötigt zur Produktion des Produkts P-100 je kg Endprodukt 0,01 kg des Zwischenprodukts Z-01. Zur Erzeugung dieses Vorprodukts stehen drei Maschinen unterschiedlichen Alters zur Verfügung, für die folgende Kostenfunktionen bekannt sind:

$$K_1 = 100.000 + 500\ x$$

$$K_2 = 200.000 + 250\ x$$

$$K_3 = 300.000 + 150\ x$$

Aufgrund eines Absatzeinbruches können in den folgenden Monaten von Produkt P-100 jeweils nur 5.000 kg abgesetzt werden. Der Kostenstellenleiter beschließt daher, nur eine der o. g. Maschinen für die Produktion von Z-01 einzusetzen. Er ist bei dieser Entscheidung ausschließlich an seinem eigenen Nutzen orientiert.

Fragestellung

a) Für welche Maschine wird sich der Kostenstellenleiter entscheiden, wenn die Kostenstelle ausschließlich mit den Kosten der produzierenden Maschine belastet wird, während die Kosten der stillgelegten Maschinen ohne Belastung der Kostenstelle direkt ins Betriebsergebnis fließen?

b) Für welche Maschine wird er sich entscheiden, wenn die Kostenstelle ausschließlich mit den variablen Kosten der produzierenden Maschine belastet wird, während die Fixkosten aller Maschinen ohne Belastung der Kostenstelle direkt ins Betriebsergebnis fließen?

c) Für welche Maschine wird er sich entscheiden, wenn die Kostenstelle mit den gesamten Kosten aller drei Maschinen belastet wird?

d) Interpretieren Sie Ihre unter a) bis c) gewonnenen Ergebnisse!

Aufgabe 9.2: Kurzfristige Verfahrenswahl mit einem Engpass

Sachverhalt

Die Gruber GmbH verfügt für die Produkte (1) und (2) über drei Abfüllautomaten von unterschiedlichem Alter und technischem Stand. Die Kapazität je Automat ist mit 10.000 Minuten je Periode gleich. Zudem sind folgende Daten bekannt:

Abfüllautomat	Fixkosten (€/Mon.)	Grenzkosten (€/Min.) 1	Grenzkosten (€/Min.) 2	Stückzeiten (Min./Stück) 1	Stückzeiten (Min./Stück) 2
A	3.000,00	1,00	1,50	6,00	4,00
B	1.000,00	2,00	3,50	4,00	6,00
C	1.800,00	4,00	3,50	3,50	2,00

Fragestellung

a) Welche Abfüllautomaten kommen zum Einsatz, wenn von jedem Produkt 750 Einheiten hergestellt werden? Geben Sie an, wieviel Einheiten der einzelnen Produkte auf den jeweiligen Automaten abgefüllt werden und wie hoch die hierdurch entstehenden Gesamtkosten sind!

b) Welche Abfüllautomaten kommen zum Einsatz, wenn von (1) 1.500 Einheiten und von (2) 750 Einheiten produziert werden? Geben Sie an, wieviel Einheiten der einzelnen Produkte auf den jeweiligen Automaten abgefüllt werden und wie hoch die hierdurch entstehenden Gesamtkosten sind!

c) Welche Abfüllautomaten kommen zum Einsatz, wenn von (1) 750 Einheiten und von (2) 1.500 Einheiten hergestellt werden? Geben Sie an, wieviel Einheiten der einzelnen Produkte auf den jeweiligen Automaten abgefüllt werden und wie hoch die hierdurch entstehenden Gesamtkosten sind!

10 Eigenfertigung oder Fremdbezug

Aufgabe 10.1: Kurzfristige Entscheidung über Eigenfertigung oder Fremdbezug

Sachverhalt

Der Produktionsleiter der Gruber GmbH bittet Sie zu überprüfen, welche der unten aufgeführten Zwischenprodukte kurzfristig nicht mehr selbst hergestellt sondern fremdbezogen werden sollen.

Zwischenprodukt	Einkaufspreis p (€/kg)	Variable Stückkosten k_v (€/kg)	Stückkosten k k (€/kg)
1	50,-	30,-	55,-
2	75,-	65,-	85,-
3	1.500,-	1.250,-	1.350,-
4	2.500,-	2.450,-	2750,-
5	30,-	31,-	35,-

Fragestellung

a) Stellen Sie die Argumentation für einen Fremdbezug unter kurzfristigen Aspekten dar und geben Sie an, welche Zwischenprodukte aus diesem Grund fremdbezogen werden sollten!

b) Gehen Sie weiterhin von den Daten der Aufgabe a) aus! Zudem müssen alle Zwischenprodukte im Rahmen der Fertigung die Qualitätskontrolle durchlaufen, die insgesamt über eine monatliche Kapazität von 250 Stunden verfügt. Es sind folgende Daten bekannt:

Zwischenprodukt	x (kg/Mon.)	t (Min./kg)
1	1.500	0,5
2	2.500	2,5
3	500	5
4	250	20
5	3.000	1

Ermitteln Sie die kurzfristige optimale Aufteilung in Eigen- und Fremdfertigung!

c) Gehen Sie weiterhin von den Daten der Aufgaben a) und b) aus! Aufgrund der Kündigung eines Mitarbeiters stehen nunmehr jedoch nur 120 Stunden pro Monat in der Qualitätskontrolle zur Verfügung. In welchem Umfang erfolgen jetzt unter kurzfristiger Betrachtung eine Eigenfertigung und ein Fremdbezug?

Aufgabe 10.2: Langfristige Entscheidung über Eigenfertigung oder Fremdbezug

Sachverhalt

Der Preis für ein bisher fremd bezogenes Zwischenprodukt wurde auf 60 €/kg angehoben, so dass zukünftig eine Eigenfertigung erwogen wird. Hierzu wäre eine Maschine zu einem Preis von € 160.000 zu beschaffen, die 5 Jahre genutzt werden kann. Zudem fielen jährlich Fixkosten für die Bedienung in Höhe von € 50.000 an. Die variablen Stückkosten betragen 20 €/kg. Es werden jährlich 2000 kg benötigt. Der Kalkulationszins beträgt 5 %.

Fragestellung

Untersuchen Sie, ob sich die Eigenfertigung lohnt!

Aufgabe 10.3: Langfristige Entscheidung über Eigenfertigung oder Fremdbezug

Sachverhalt

Auf der Hannovermesse hat die Vorstandsvorsitzende der C. H. Schmidt AG die umwelttechnischen Vorzüge der Kraft-Wärme-Kopplung (KWK) bei der Energieversorgung kennen gelernt. Da die bisherige zentrale Wärmeversorgungsanlage (WVA) aufgrund neuer gesetzlicher Regelungen zum Jahresende auf jeden Fall überholt werden muss, werden Sie von ihr mit einer Untersuchung beauftragt, ob der Einsatz dieser neuen Technik bei der C. H. Schmidt AG rentabel ist. Im Gegensatz zum bisherigen Energiekonzept würde hierbei nicht nur die Wärme sondern auch der Strom selbst erzeugt. Überschüssige Strommengen können zu einem festen Preis in das allgemeine Stromnetz eingespeist werden. Ihnen sind folgende Daten bekannt:

Wärmeversorgungsanlage (WVA)		
- Auszahlung bei Sanierung der alten WVA	750.000,-	€
- lfd. jährliche fixe Zahlungen	960.000,-	€/Jahr
Kraft-Wärme-Kopplung (KWK)		
- Auszahlung bei Umstieg auf KWK	1.500.000,-	€
- lfd. jährliche fixe Zahlungen	1.100.000,-	€/Jahr
- variable Auszahlungen für die Stromproduktion	-,03	€/kwh
- Jährliche Stromerzeugungskapazität	1.500.000,-	kwh
Weitere Kalkulationsgrundlagen		
- Die Nutzungsdauer ist für WVA und KWK identisch	30	Jahre
- Die variablen Auszahlungen für die Wärmeerzeugung €/Wärmeeinheit sind für WVA und KWK identisch	-,12	
- Strompreis bei Fremdbezug	-,25	€/kwh
- Erstatteter Einspeisungspreis	-,10	€/kwh
- Kalkulationszins	10,00	%

Fragestellung

a) Ab welchem Eigenstromverbrauch lohnt sich der Umstieg auf die Kraft-Wärme-Kopplung?

b) Da der Eigenstromverbrauch mit 737.625 kwh/Jahr unter der kritischen Menge liegt, ab der ein Umstieg auf die Kraft-Wärme-Kopplung rentabel wäre, sollen Sie sich mit dem örtlichen Stromversorger in Verbindung setzen, um über einen höheren Einspeisungspreis zu verhandeln. Ab welchem Einspeisungspreis würde sich der Umstieg lohnen? Geben Sie das Ergebnis auf 4 Stellen genau an!

c) Da Ihre Verhandlungen mit dem örtlichen Stromversorger scheitern, wird darüber nachgedacht, ob die Nutzungsdauer der Anlage zur Kraft-Wärme-Kopplung verlängert werden kann. Berechnen Sie, wie viele Jahre die Anlage mindestens genutzt werden müsste, damit ein Umstieg rentabel ist.

11 Plankostenrechnung

Aufgabe 11.1: Entwicklung von der Ist- über die Normal- zur Plankostenrechnung

Fragestellung

Verdeutlichen Sie die Gründe für die Entwicklung der Ist-Kostenrechnung über die Normal-Kostenrechnung zur Plan-Kostenrechnung. Stellen Sie hierbei jeweils die Vorgehensweise dar und würdigen Sie die einzelnen Verfahren kritisch!

Aufgabe 11.2: Entwicklung von der Ist- über die Normal- zur Plankostenrechnung

Sachverhalt

Im vergangenen Jahr wurden für eine Kostenstelle folgende Werte festgehalten:

Monat	Ist-Gemeinkosten	Ist-Maschinenstunden
Januar	13.200	176
Februar	12.500	160
März	11.500	160
April	16.800	168
Mai	11.400	152
Juni	11.500	160
Juli	14.300	184
August	17.600	176
September	13.100	168
Oktober	12.100	168
November	15.200	152
Dezember	9.600	128

Fragestellung

Berechnen Sie den Normalkostenverrechnungssatz für eine Maschinenstunde unter Anwendung

a) statistischer Mittelwerte

b) Normalisierter Mittelwerte.

Aufgabe 11.3: Verrechnete Plan-Kosten und Soll-Kosten

Fragestellung

Was ist unter den Begriffen „verrechnete Plankosten" K_{verr} in der starren Plankostenrechnung und „Soll-Kosten" K_s in der flexiblen Plankostenrechnung auf Vollkostenbasis zu verstehen? Wie werden diese Kosten jeweils ermittelt?

Aufgabe 11.4: Plankostenrechnung

Sachverhalt

Für die vergangene Periode wurden auf Basis der geplanten Beschäftigung von 8.800 Maschinenstunden Kosten in Höhe von 440.000 € geplant. Da bei einer Ist-Beschäftigung von 8.000 Maschinenstunden tatsächlich Kosten in Höhe von 420.000 € entstanden sind, wird dem Kostenstellenleiter eine Planüberschreitung von 20.000 € vorgeworfen.

Fragestellung

a) Welche Form der Plankostenrechnung wurde hier angewandt? Begründen Sie Ihre Aussage!

b) Ist der erhobene Vorwurf berechtigt? Begründen Sie Ihre Aussage!

Aufgabe 11.5: Flexible Plankostenrechnung auf Voll- und Teilkostenbasis

Sachverhalt

Für ein Produkt existiert in der Fertigung eine eigene Kostenstelle für die abschließende Qualitätsprüfung und Feinjustierung. Die geplanten Gemeinkosten der Periode belaufen sich auf € 15.000 wovon € 5.000 fix sind. Die Planbeschäftigung beträgt 40.000 Minuten. Am Periodenende wird festgestellt, dass die Ist-beschäftigung entgegen der Planung bei 36.000 Minuten liegt und an Ist-Kosten € 14.800 entstanden sind.

Fragestellung

a) Analysieren Sie die Kostensituation grafisch auf Basis der flexiblen Plankostenrechnung auf Vollkostenbasis und interpretieren Sie Ihr Ergebnis!

b) Inwiefern würde sich die Analyse a) verändern, wenn die flexible Planung auf Teilkostenbasis angewandt würde? Gehen Sie davon aus, dass die fixen Ist-Kosten den fixen Plan-Kosten entsprechen!

Aufgabe 11.6: Flexible Plankostenrechnung auf Vollkostenbasis

Sachverhalt

Für Ihre Kostenstelle wurde für dieses Jahr eine monatliche Pumpenproduktion von 1.000 Pumpen geplant, wobei planmäßig je Pumpe 15 Minuten benötigt werden. An Plankosten fallen monatlich € 25.000 an, wovon € 10.000 fix sind. Tatsächlich ergeben sich jedoch folgende Ist-Werte:

Monat	Kosten	Abgerechnete Stunden	Abgelieferte Pumpen
Januar	22.000	200	800
Februar	28.000	300	1.200
März	24.000	225	900

Fragestellung

a) Verdeutlichen Sie die im Januar anfallenden Buchungen auf der Kostenstelle, dem Produktionsauftrag sowie in der G & V. Wie hoch sind die Beschäftigungs-, Verbrauchs- und Gesamtabweichung?

b) Verdeutlichen Sie die im Februar anfallenden Buchungen auf der Kostenstelle, dem Produktionsauftrag sowie in der G & V. Wie hoch sind die Beschäftigungs-, Verbrauchs- und Gesamtabweichung?

c) Verdeutlichen Sie die im März anfallenden Buchungen auf der Kostenstelle, dem Produktionsauftrag sowie in der G & V. Wie hoch sind die Beschäftigungs-, Verbrauchs- und Gesamtabweichung?

Aufgabe 11.7: Kontrolle der Gemeinkosten bei flexibler Planung auf Vollkostenrechnung

Sachverhalt

Die C. H. Schmidt AG hat in der Kostenstelle Fertigung für ein Produkt eine Plan-Beschäftigung von 60.000 Pumpen angesetzt, während die Ist-Beschäftigung lediglich 40.000 Pumpen betrug. Die Bezugsgrößen der einzelnen Kostenarten verändern sich proportional zur Ausbringungsmenge, so dass es hinreichend ist, von die Pumpenzahl als Bezugsgröße heranzuziehen.

Der Soll-Ist-Vergleich der Kostenstelle stellt sich wie folgt dar:

Kostenart	Bezugsgröße	Plan-Menge	€ pro Bezugseinheit	Plan-Gesamtkosten	Variable Plan-Kosten	Fixe Plan-Kosten	Variable Ist-Kosten
Fertigungslöhne	h	500	10	5.000	3.000	2.000	2.500
Hilfslöhne	h	150	5	750	300	450	200
Abschreibungen	h	800	40	32.000	24.000	8.000	15.400
Hilfsstoffe	h	80	5	400	300	100	300
Sonstiges	Monat			15.000	-	15.000	-
Summe	**Pumpen**	**60.000**	**0,886**	**53.150**	**27.600**	**25.550**	**18.400**

Fragestellung

a) Ermitteln Sie den Plankostenverrechnungssatz k_p und den variablen Plankostenverrechnungssatz k_{vp}!
Zeichnen Sie die Sollkostenlinie K_S sowie die Linie der verrechneten Plankosten K_{Verr} in ein Koordinatensystem und bestimmen Sie grafisch und mathematisch die Summe aus Verbrauchs- und Preisabweichung (VA/PA) sowie die Beschäftigungs- (BA) und die Gesamtabweichung nach Däumler/Grabe (ΔK_2) unter der Annahme, dass die fixen Ist-Kosten den fixen Plan-Kosten entsprechen!

b) Ermitteln Sie die die Summe aus Verbrauchs- und Preisabweichung (VA/PA) nach Kostenarten differenziert! Interpretieren Sie Ihr Ergebnis vor dem Hintergrund des Ergebnisses aus Aufgabe a! Gehen Sie hier davon aus, dass sich die Stunden als Bezugsgröße proportional zur Pumpenzahl verändern.

Aufgabe 11.8: Kapazitätsanpassungsprozesse

Sachverhalt

In einer Kostenstelle mit 4 Arbeitskräften an 4 Maschinen werden von einem Produkt im Normalbetrieb 19.200 Stück bei 160 Stunden im Monat hergestellt. Im kommenden Monat sollen 24.000 Stück hergestellt werden. Folgende Daten sind bekannt:

Rohstoffverbrauch	5,-	(€/Stück)
Akkordlohn	1,-	(€/Stück)
Überstundenzuschlag	25 %	
Minimalintensität je Maschine I_{min}	20	(Stück/Std.)
Maximalintensität je Maschine I_{max}	40	(Stück/Std.)
Stromverbrauch je Maschine pro Stunde	$v_i = 50 + 0{,}05\, I^2 - 2\, I$	(kWh/Std.)
Strompreis	0,10	(€/kWh)
Fixkosten	50.000	(€/Mon.)
Fixkostensteigerung bei Kauf einer zusätzlichen Maschine	10.000	(€/Mon.)

Als Bezugsgröße werden Stck./per. verwendet

Fragestellung

a) Stellen Sie die Kostenfunktion der Kostenstelle für die beschriebene Ausgangssituation grafisch dar!

b) Stellen Sie grafisch die Kostenfunktion der Kostenstelle für die Ausbringungsmenge von 24.000 Stück unter der Annahme dar, dass eine zeitliche Anpassung erfolgt!

c) Stellen Sie grafisch die Kostenfunktion der Kostenstelle für die Ausbringungsmenge von 24.000 Stück unter der Annahme dar, dass eine intensitätsmäßige Anpassung erfolgt!

d) Stellen Sie grafisch die Kostenfunktion der Kostenstelle für die Ausbringungsmenge von 24.000 Stück unter der Annahme dar, dass eine quantitative Anpassung erfolgt! Differenzieren Sie dabei die Kostenfunktion vor dem Kauf (Grafik 1) und nach dem Kauf (Grafik 2)!

Aufgabe 11.9: Reagibilitätsgrad

Sachverhalt

Unten stehend finden Sie verschiedene Angaben, inwieweit sich die Kosten eines Unternehmens in Abhängigkeit von der Beschäftigung ändern.

Fragestellung

a) Bestimmen Sie den Reagibilitätsgrad!

Periode	Beschäftigung (LE/Per)	Kosten (€/Per)
1	2.500	50.000
2	3.000	62.000

b) Bestimmen Sie den Reagibilitätsgrad!

Periode	Beschäftigung (LE/Per)	Kosten (€/Per)
1	2.500	50.000
2	2.750	50.000

c) Bestimmen Sie den Reagibilitätsgrad sowie die fixen und variablen Kosten!

Periode	Beschäftigung (LE/Per)	Kosten (€/Per)
1	2.500	50.000
2	3.000	54.000

d) Geht man von den in Frage c) bestimmten fixen Kosten von $K_f = 30.000$ und variablen Stückkosten $k_v = 8$ aus, so ergeben sich bei alternativen Ausbringungsmengen folgende Werte:

Periode	Beschäftigung (LE/Per)	Fixkosten (€/Per)	Variable Kosten (€/Per)	Kosten (€/Per)
1	3.500	30.000	28.000	58.000
2	4.000	30.000	32.000	62.000

Überprüfen sie, ob Sie bei den alternativen Ausbringungsmengen zum gleichen Ergebnis kommen wie in Frage c)!

e) Greifen Sie auf Ihr Ergebnis aus Frage a) zurück. Lassen sich hier ebenfalls die fixen und variablen Kosten bestimmen!

Aufgabe 11.10: Kostenauflösungsverfahren

Sachverhalt

In einer Kostenstelle sind in den letzten Monaten folgende Energiekosten und Ausbringungsmengen angefallen:

Monat	Ausbringungsmenge (Stück/Monat)	Energiekosten (€/Monat)
Januar	3.000	1.000
Februar	3.250	1.300
März	4.000	1.200
April	3.000	1.150
Mai	2.000	1.300
Juni	4.250	1.500
Juli	4.500	1.400
August	5.500	1.550
September	3.750	1.300
Oktober	4.500	1.600
November	5.250	1.700
Dezember	6.000	1.400

Fragestellung

a) Bestimmen Sie die Sollkostenfunktion nach der Freihand-Methode!

b) Bestimmen Sie die Sollkostenfunktion mit Hilfe des Differenz-Quotientenverfahrens!

c) Bestimmen Sie die Sollkostenfunktion mit Hilfe des Reihenhälfte-Verfahrens!

d) Bestimmen Sie die Sollkostenfunktion mit Hilfe der Methode der kleinsten Quadrate!

Lösungshinweise

1 Grundlagen des Rechnungswesens

Aufgabe 1.1: Einzahlungen/Auszahlungen, Einnahmen/Ausgaben, Erträge/Aufwendungen, Erlöse/Kosten

	a	b	c	d	e	f	g
Einzahlung	55.000			15.000			20.000
Auszahlung						150.000	
Einnahme	55.000						80.000
Ausgabe			10.000		3.000	150.000	
Ertrag	55.000						80.000
Aufwand		500	10.000			150.000	
Erlös/Leistung	55.000						80.000
Kosten		625	10.000			150.000	

Die Werte ergeben sich wie folgt:

Vorgang a:

Δ Kasse	+ 55.000	Δ Kasse	+ 55.000	Δ Kasse	+ 55.000
		Δ Ford./Verb.	0	Δ Ford./Verb	0
				Δ Sachverm.	0
Δ Liquidität	+ 55.000	Δ Finanzverm.	+ 55.000	Δ Gesamtverm.	+ 55.000

Der Wertezuwachs (Δ Gesamtvermögen) resultiert aus der normalen betrieblichen Tätigkeit. Demnach handelt es sich auch um Erlöse in Höhe von 55.000.

Vielfach tritt hier der Denkfehler auf, dass mit dem Verkauf ein Rückgang des Sachvermögens verbunden sei. Da man die Gesamtperiode betrachtet, ist dies jedoch falsch. Am Anfang der Periode existieren die Produkte noch nicht, da sie erst im Laufe der Periode produziert werden und noch während der Periode das Unternehmen verlassen. In der Gesamtbetrachtung der Periode ergibt ein Vergleich des Sachvermögens zu Periodenanfang (Null) und zu Periodenende (Null) demnach keine Veränderung.

Vorgang b:

Δ Kasse	0	Δ Kasse	0	Δ Kasse	0
		Δ Ford./Verb.	0	Δ Ford./Verb	0
				Δ Sachverm.	- 500
Δ Liquidität	0	Δ Finanzverm.	0	Δ Gesamtverm.	- 500

Der Werteverzehr (Δ Gesamtvermögen) resultiert aus der normalen betrieblichen Tätigkeit. Allerdings wird intern die Nutzungsdauer mit 8 Jahren anders eingeschätzt als von den Finanzbehörden für das externe Rechnungswesen mit 10 Jahren vorgegeben wird. Bei der Berechnung der Werte ist darauf zu achten, dass nach den Monatswerten gefragt ist.

Vorgang c:

Δ Kasse	0	Δ Kasse	0	Δ Kasse	0
		Δ Ford./Verb.	-10.000	Δ Ford./Verb	- 10.000
				Δ Sachverm.	0
Δ Liquidität	0	Δ Finanzverm.	- 10.000	Δ Gesamtverm.	- 10.000

Der Werteverzehr (Δ Gesamtvermögen) resultiert aus der normalen betrieblichen Tätigkeit (Weiterbildung von Mitarbeitern). Dementsprechend handelt es sich auch um Kosten.

Vorgang d:

Δ Kasse	+ 15.000	Δ Kasse	+ 15.000	Δ Kasse	+ 15.000
		Δ Ford./Verb.	-15.000	Δ Ford./Verb	- 15.000
				Δ Sachverm.	0
Δ Liquidität	+ 15.000	Δ Finanzverm.	0	Δ Gesamtverm.	0

In diesem Fall fallen kein Wertezuwachs und kein Werteverzehr (Δ Gesamtvermögen) an. Da zudem aus den Informationen keine Zusatzkosten abgeleitet werden können, fallen demnach keine Kosten an.

Vorgang e:

Δ Kasse	0	Δ Kasse	0	Δ Kasse	0
		Δ Ford./Verb.	-3.000	Δ Ford./Verb	- 3.000
				Δ Sachverm.	+ 3.000
Δ Liquidität	0	Δ Finanzverm.	- 3.000	Δ Gesamtverm.	0

In diesem Fall fallen kein Wertezuwachs und kein Werteverzehr (Δ Gesamtvermögen) an. Da zudem aus den Informationen keine Zusatzkosten abgeleitet werden können, fallen demnach keine Kosten an.

Vorgang f:

Δ Kasse	- 150.000	Δ Kasse	- 150.000	Δ Kasse	- 150.000
		Δ Ford./Verb.	0	Δ Ford./Verb	0
				Δ Sachverm.	0
Δ Liquidität	- 150.000	Δ Finanzverm.	- 150.000	Δ Gesamtverm.	-150.000

Der Werteverzehr (Δ Gesamtvermögen) resultiert aus der normalen betrieblichen Tätigkeit. Dementsprechend handelt es sich auch um Kosten.

Vielfach tritt hier der Denkfehler auf, dass mit der Gehaltszahlung ein Rückgang der Verbindlichkeiten gegenüber den Mitarbeitern verbunden sei. Da man die Gesamtperiode betrachtet, ist dies jedoch falsch. Am Anfang der Periode existieren keine Verbindlichkeiten gegenüber den Mitarbeitern. Diese bauen sich erst im Laufe der Periode mit der erbrachten Arbeitsleitung auf. Wenn am Periodenende die Zahlung erfolgt, entfallen diese Verbindlichkeiten wieder. In der Gesamtbetrachtung der Periode ergibt ein Vergleich der Verbindlichkeiten zu Periodenanfang (Null) und zu Periodenende (Null) demnach keine Veränderung.

Vorgang g:

Um sich die Zusammenhänge besser vor Augen zu führen, kann eine Betrachtung der Vorgänge im ***Juni*** hilfreich sein:

Δ Kasse	+ 60.000	Δ Kasse	+ 60.000	Δ Kasse	+ 60.000
		Δ Ford./Verb.	- 60.000	Δ Ford./Verb	- 60.000
				Δ Sachverm.	0
Δ Liquidität	+ 60.000	Δ Finanzverm.	0	Δ Gesamtverm.	0

Durch die erhaltene Anzahlung ergibt sich lediglich ein Liquiditätseffekt. Da hierdurch gleichzeitig eine Verbindlichkeit aus erhaltenen Anzahlungen entsteht, bleiben die anderen Größen unbeeinflusst.

Für den in der Fragestellung zu betrachtenden ***August*** ergibt sich hieraus folgende Konsequenz:

Δ Kasse	+ 20.000	Δ Kasse	+ 20.000	Δ Kasse	+ 20.000
		Δ Ford./Verb.	+ 60.000	Δ Ford./Verb	+ 60.000
				Δ Sachverm.	0
Δ Liquidität	+ 20.000	Δ Finanzverm.	+ 80.000	Δ Gesamtverm.	+ 80.000

Durch die Überweisung des Restbetrags erhöht sich der Kassenbestand um 20.000. Gleichzeitig entfällt durch die Lieferung die Verbindlichkeit aus erhaltenen Anzahlungen. Dies führt zu einem Rückgang der Verbindlichkeiten um 60.000, womit sich die Position „Δ Ford./Verb." um + 60.000 verändert.

Der Wertezuwachs (Δ Gesamtvermögen) resultiert aus der normalen betrieblichen Tätigkeit. Demnach handelt es sich auch um Erlöse in Höhe von 80.000.

Vielfach tritt hier der Denkfehler auf, dass mit dem Verkauf ein Rückgang des Sachvermögens verbunden sei. Da man die Gesamtperiode betrachtet, ist dies jedoch falsch. Am Anfang der Periode existieren die Produkte noch nicht, da sie erst im Laufe der Periode produziert werden und noch während der Periode das Unternehmen verlassen. In der Gesamtbetrachtung der Periode ergibt ein Vergleich des Sachvermögens zu Periodenanfang (Null) und zu Periodenende (Null) demnach keine Veränderung.

Aufgabe 1.2: Brutto- und Netto-Ausweis

Es ergeben sich folgende Möglichkeiten der Zuordnung:

Sichtweise A: Netto-Ausweis

Netto-Ausweis	**a**	**b**
Einzahlung	15.000	15.000
Auszahlung		
Ertrag	5.000	5.000
Aufwand		

Sichtweise B: Brutto-Ausweis

Brutto-Ausweis	a	b
Einzahlung	15.000	15.000
Auszahlung		
Ertrag	15.000	15.000
Aufwand	10.000	10.000

Allerdings ist es sowohl in der Praxis als auch in der Literatur weit verbreitet, bei Umsatzerlösen die Erträge und Aufwendungen nicht zu saldieren. Mithin wird hier die Sichtweise B vertreten, während bei allen anderen Vorgängen in aller Regel Sichtweise A vertreten wird. Somit ergibt sich:

	a	b
Einzahlung	15.000	15.000
Auszahlung		
Ertrag	5.000	15.000
Aufwand		10.000

Aufgabe 1.3:
Ertrags- und Aufwandsarten

Bei einer Aufspaltung der Erträge und Aufwendungen in ihre betrieblichen und neutralen Komponenten ergibt sich folgendes Bild:

Betrieblicher **Aufwand**			***Betrieblicher*** **Ertrag**
Rohstoffe	150.000	Umsatz	200.000
Personal	80.000	Lizenzen	100.000
Abschreibung für Abnutzung	100.000		
Büromateriasl	40.000		
Jahresübeschuss		Betriebsverlust	70.000
	370.000		370.000

Neutraler **Aufwand**			***Neutralerr*** **Ertrag**
		Mieten für vermietete Gebäude	250.000
		Ertrag aus Grundstücksverkauf	400.000
		Zinsen	50.000
Neutraler Erfolg	700.000		
	700.000		700.000

Demzufolge erwirtschaftet die Rupertus AG aus ihrer gewöhnlichen Geschäftstätigkeit überhaupt keinen Gewinn. Vielmehr erzielt sie einen Verlust in Höhe von € 70.000. Der dennoch überdurchschnittliche Gesamtgewinn ist auf den hohen neutralen Erfolg von € 700.000 zurückzuführen. Dabei wäre zudem noch zu untersuchen, ob die vereinnahmten Lizenzerträge tatsächlich auf betriebliche Aktivitäten (z. B. laufende Auslandslizenzen für die lokale Produktherstellung) zurückzuführen sind oder ob sie auch den neutralen Erträgen zugerechnet werden müssen (z. B. einmalige Lizenzgebühr aus dem Verkauf eines Patentes).

Aufgabe 1.4: Unterschied zwischen interner und externer Rechnungslegung

Unterscheidungskriterium	Interne Rechnungslegung	Externe Rechnungslegung
Gewinnbegriff	Betriebserfolg = Leistung ./ Kosten	Jahresüberschuss = Ertrag ./ Aufwand
Ziel	Interne Analysen	Externe Information für die Stakeholder
Gesetzliche Verpflichtung	Keine	HGB, AktG, EStG, AO, IASF, US-GAAP
Durchführungshäufigkeit	Unterjährig (i. a. R. monatlich)	Jährlich (oft auch halbjährlich o. quartalsweise)
Aufgaben	Betreibserfolg, Witschaftlichkeitsanalysen, Steuerung	Jahresüberschuss (G&V), Vermögens-/Schuldenübersicht (Bilanz), Datenbereitstellung

Diese Übersicht stellt nur einen Hinweis auf die zu behandelnden Inhalte dar, die in der Lösung noch eingehend zu erläutern sind!

2 Kostenartenrechnung

Aufgabe 2.1: Methoden der Verbrauchserfassung

Bei Anwendung der Fortschreibungsmethode wird der Materialverbrauch durch Materialentnahmescheine erfasst. Hierdurch ist zum einen der Soll-Lagerbestand jederzeit ermittelbar. Zum anderen kann aufgrund der Eintragungen auf dem Entnahmeschein die Materialentnahme der einzelnen Kostenstelle bzw. dem einzelnen Kostenträger zugeordnet werden.

Die Voraussetzung für die Anwendung der Fortschreibungsmethode ist die Existenz einer Lagerbuchhaltung.

Vorteile der Fortschreibungsmethode sind:
- Verursachungsgerechte Zuordnung der Materialkosten auf die Kostenstellen bzw. Kostenträger.
- Quantifizierung von Lagerverlusten
- Ermöglichung der permanenten Inventur

Nachteil:
Die Methode ist aufwendig

Aufgabe 2.2: Preisermittlung des Materialverbrauchs

a)
Der mengenmäßige Verbrauch ergibt sich wie folgt (in Stück):

	Anfangsbestand	1.000
+	Zugänge	1.800
–	Endbestand	500
=	***Verbrauch***	***2.300***

b)
Auf Basis des gewogenen Durchschnittverfahrens ergibt sich der Preis der Pumpendichtungen wie folgt:

(1.000 x 10,- + 400 x 11,- + 1.000 x 8,- + 400 x 15,-) / 2.800 = 10,14

Bei einem mengenmäßigen Verbrauch von 2.300 Stück ergibt sich somit ein wertmäßiger Verbrauch in Höhe von € 23.328,57. Der Endbestand wird mit € 5.071,43 bewertet.

c)

Datum	Vorgang	Menge (Stück)	Preis (€/Stück)	Wert
01.01.	Anfangsbestand	1.000	10,00	10.000,00
31.01.	Entnahme	500	10,00	5.000,00
	Bestand	500	10,00	5.000,00
28.02.	Entnahme	500	10,00	5.000,00
15.03.	Zugang	400	11,00	4.400,00
31.03.	Entnahme	300	11,00	3.300,00
	Bestand	100	11,00	1.100,00
01.08.	Zugang	1.000	8,00	8.000,00
	Bestand	1.100	8,27	9.100,00
15.08.	Entnahme	800	8,27	6.618,18
	Bestand	300	8,27	2.481,82
31.08.	Entnahme	100	8,27	827,27
	Bestand	200	8,27	1.654,55
15.10.	Zugang	400	15,00	6.000,00
	Bestand	600	12,76	7.654,55
20.12.	Entnahme	100	12,76	1.275,76
31.12.	Endbestand	500	12,76	6.378,79

Es ergibt sich:

Bei Anwendung des Fortschreibungsverfahrens wird die Entnahme mit € 22.021,21 bewertet. Für den Bestand wird ein Wert von € 6.378,79 angesetzt.

Aufgabe 2.3: Verbrauchs- und Preiserfassung

a)

Der mengenmäßige Inventurverlust lässt sich wie folgt berechnen:

	Anfangsbestand	120
+	Zugang	250
./.	Entnahme	320
=	Sollbestand	50
./.	Inventurbestand	25
=	Inventurverlust	25

Der gewogene Durchschnittspreis ergibt sich wie folgt:

(120 x 600,- + 15 x 750,- + 85 x 800,- + 50 x 600,- + 75 x 650,- + 25 x 800,-) : 370 = 675,68

Somit ergibt sich als wertmäßiger Inventurverlust:

25 x 675,68 = 16.891,89

b)

Datum	Vorgang	Menge (t)	Preis (€/Stück)	Wert
01.01.	Anfangsbestand	120	600,00	72.000,00
02.01.	Zugang	15	750,00	11.250,00
	Bestand	135	616,67	83.250,00
05.01.	Entnahme	80	616,67	49.333,33
	Bestand	55	616,67	33.916,67
08.01.	Zugang	85	800,00	68.000,00
	Bestand	140	727,98	101.916,67
10.01.	Entnahme	40	727,98	29.119,05

Aufgabe 2.4: Gespaltene und degressive Abschreibung

a)

Bei der gespaltenen Abschreibung wird sowohl die Zeit- als auch die Verschleißabnutzung mit berücksichtigt. Die Zeitabschreibung beträgt bei der o. g. Anlage T€ 10.000,- pro Jahr. Die Verschleißabschreibung beträgt € 0,001 pro Liter. Somit ergibt sich im ersten Jahr eine Zeitabschreibung in Höhe von T€ 10.000,- und eine Verschleißabschreibung in Höhe von T€ 25.000,-.

Da bei der gespaltenen Abschreibung der höhere Wert zum Ansatz kommt, beträgt die anzusetzende Abschreibung im ersten Jahr T€ 25.000,-

b)

Bei der arithmetisch-degressiven Abschreibung fällt der Abschreibungsbetrag jährlich um den gleichen Betrag. Dieser Betrag errechnet sich wie folgt:

D = 100.000 / (1+2+3+4+5+6+7+8+9+10) = 1.818,18

Somit ergibt sich im ersten Jahr folgender Abschreibungsbetrag: 18.181.82

c)
Bei Anwendung der geometrisch-degressiven Methode ergäben sich folgende Abschreibungsbeträge und Restwerte, wenn der Abschreibungssatz maximal 25 % und maximal das 2,5fache der linearen Abschreibung beträgt:

t	Abschreibungsbetrag	Übergang zu linearer AfA	Restwert
0			100.000,-
1	25.000,--	(10.000,--)	75.000,-
2	18.750,--	(8.333,33)	56.250,--
3	14.062,50	(7.031,25)	42.187,50
4	10.546,88,-	(6.026,79)	31.640,63
5	7.910,16	(5.273,44)	23.730,47
6	5.932,63	(4.746,09)	17.797,85
7	4.449,46	(4.449,46)	13.348,39
8	(3.337,10)	4.449,46	8.898,93
9	(2.502,82)	4.449,46	4.449,46
10	(1.877,12)	4.449,46	0

Die geometrisch-degressive Abschreibung ist demnach in den ersten 7 Jahren sachgerecht. Im 7. Jahr sind geometrisch-degressive und lineare Abschreibung identisch, während im 8. Jahr auf die lineare Abschreibung gewechselt werden sollte..

Aufgabe 2.5: Kalkulatorische Kapitalkosten

a)

Das betriebsnotwendige Vermögen lässt sich wie folgt bestimmen:

Anlagevermögen		
1	Grundstücke	2.400.000
2	Gebäude	9.000.000
3	Anlagen und Maschinen	4.600.000
4	Betriebsausstattung	900.000
Umlaufvermögen		
1	Vorräte	3.750.000
2	Forderungen	500.000
3	Wertpapiere	0
4	Kasse	250.000
Betriebsnotwendiges Vermögen		**21.400.000**

Das **betriebsnotwendige Kapital** entspricht dem betriebsnotwendigen Vermögen und beträgt somit € **21.400.000**

b)

Der anzusetzende Kapitalkostensatz ergibt sich wie folgt:

$$k = WACC = r_{EK}\,\frac{EK}{GK} + r_{FK}\,\frac{FK}{GK}$$

Somit ergibt sich:

$$k = WACC^{ohneSteuern} = 0{,}20\frac{4.400.000}{21.400.000} + 0{,}08\frac{17.000.000}{21.400.000} = 0{,}10467$$

Die jährlichen kalkulatorischen Gesamtkapitalkosten auf das betriebsnotwendige Kapital betragen dementsprechend:

21.400.000 x 0,10467 = 2.240.000

c)
Unter Abzugskapital werden Finanzierungsmittel verstanden, die dem Unternehmen zinsfrei zur Verfügung gestellt werden

	Betriebsnotwendiges Kapital vor Abzug von Abzugskapital [entspricht dem Kapital gemäß a)]		**21.400.000**
./.	Abzugskapital [d. h. zinslos zur Verfügung stehendes Kapital]:		
	B 2	Sonstige Rückstellungen (≤ 1 Jahr)	800.000
	C 2	erhaltene Anzahlungen	500.000
=	**Betriebsnotwendiges Kapital nach Abzug von Abzugskapital**		**20.100.000**

Däumler/Grabe rechnen fälschlicherweise auch die Pensionsrückstellungen zum Abzugskapital. Dies ist insofern nicht korrekt, als die Pensionsrückstellung verbindlich mit einem durch die Bundesbank ermittelten Durchschnittszins abzuzinsen sind (§ 253 HGB Abs. 2)

Ein vergleichbarer Fehler findet sich bei Däumler/Grabe hinsichtlich der Rückstellungen. Rückstellungen mit einer Laufzeit von über 1 Jahr sind gem. § 253 Abs. 2 HGB mit dem Barwert auf Basis eines durchschnittlichen Marktzinses zu erfassen, so dass auch diese nicht als zinsfrei angesehen werden können.

Aufgabe 2.6: Abgrenzungsrechnung

		Rechungskreis I		Rechnungskreis II							
		Finanzbuchhaltung		Abgrenzungsrechnung						KLR	
		Externer Erfolg		Betriebsfremde Aufwendungen u. Erträge		Außerordentliche Aufwendungen u. Erträge		Verrechnungskorrekturen		Interner Erfolg	
	Konto	Aufwand	Ertrag	Neutr. Aufwand	Neutr. Ertrag	Neutr. Aufwand	Neutr. Ertrag	Aufwand lt. FiBu	Verrechnete Kosten	Kosten	Leistungen
1	Umsatzerlöse		1000								1000
2	Erhöhung/Verminderung d Bestands an fertigen u. unfertigen Erzeugnissen										
3	Andere Aktivierte Eigenleistungen										
4	Sonstige betriebliche Erträge		25		5		20				
5	Materialaufwand	630								630	
6	Personalaufwand	150						150	175	175	
7	Abschreibungen	25						25	10	10	
8	Sonstige betriebliche Aufwendungen	103								103	
9	Erträge aus Beteiligungen										
10	Erträge aus anderen Wertpapieren										
11	Sonstige Zinsen u. ähnliche Erträge										
12	Abschreibungen auf Finanzanlagen u Wertpapiere des Umlaufvermögens										
13	Zinsen u. ähnliche Aufwendungen	11						11	20	20	
14	**Ergebnis der gewöhnlichen Geschäftstätigkeit**	**106**		xxxxxx		xxxxxx		xxxxxx		xxxxxx	
15	Außerordentliche Erträge										
16	Außerordentliche Aufwendungen	26				26					
17	**Außerordentliches Ergebnis**	**-26**		xxxxxx		xxxxxx		xxxxxx		xxxxxx	
18	Steuern vom Einkommen u. Ertrag	4								4	
19	Sonstige Steuern	4		1						3	
20	**Jahresüberschuss/-fehlbetrag**	**72**		xxxxxx		xxxxxx		xxxxxx		xxxxxx	
	Summe der Korrekturen	xxxxxxx	xxxxxx	1	5	26	20	186	205	xxxxxxx	xxxxxxx
	Saldo der Korrekturen	xxxxxxx		4		-6		19		xxxxxx	
	Interner Erfolg	xxxxxxx		xxxxxxx		xxxxxxx		xxxxxx		**55**	

Hierbei ergeben sich:
- Sonstige betriebliche Aufwendungen (103) = Gebäudemiete (75) + Werbung (10) + KFZ (18)
- Die Grundsteuer gehört zu den sonstigen Steuern, die Gewerbesteuer zu den Steuern vom Einkommen und Ertrag
- Erträge aus Mieten für vermietete Gebäude (5) sind betriebsfremd; die zugehörige Grundsteuer (1) ist dementsprechend auch betriebsfremd.
- Personalkosten (175) = Personalaufwand (150) + anteiliges Weihnachtsgeld (120/12=10) + kalkulatorischer Unternehmerlohn (15)
- Ertrag aus Auflösung von Rückstellungen (20) ist außerordentlich, wird in der G & V aber unter sonstigen betrieblichen Erträgen gebucht.
- Bei den Abschreibungen wird der Aufwand (25) durch die kalkulatorischen Abschreibungskosten (10) ersetzt.
- Da mit Gesamtkapitalkosten (20 = FK- und EK-Kosten) gerechnet wird, müssen die Zinsen (FK-Kosten: 11) zunächst herausgenommen werden, da sie ja in den Gesamtkapitalkosten auch enthalten sind. Dafür bucht man die Gesamtkapitalkosten ein (20).

3 Kostenstellenrechnung

Aufgabe 3.1: Stufenleiterverfahren

Erläuterung der Reihenfolge der Vorkostenstellen:

Bei einer ersten Überschlagsrechnung ohne Berücksichtigung der Leistungsbeziehungen ergeben sich folgende Verrechnungspreise:

$$Kraftwerk\,(Kst\ 1): \quad \frac{10.050\ €}{67.000\ kWh} = 0{,}15\ €/kWh$$

$$Werkstatt\,(KSt\ 2): \quad \frac{45.500\ €}{700\ h} = 65{,}-\ €/h$$

Auf Grundlage diese Überschlagspreise hätten die Vorkostenstellen folgende Leistungen (in €) erbracht:

KSt 1 an KSt 2:	2.000	kwh	x	0,15	€/kWh	=	300,-	€
KSt 2 an KSt 1:	200	h	x	65,-	€	=	13.000,-	€

Es ist daher sachgerecht, KSt 2 als 1. Vorkostenstelle anzusetzen. In diesem Fall ergeben sich folgende Verrechnungspreise:

$$Werkstatt\,(Kst\ 2): \quad \frac{45.500\ €}{700\ h} = 65{,}-\ €/h$$

$$Kraftwerk\,(Kst\ 1): \quad \frac{10.050\ € + (200\ h \bullet 65{,}-\ €/h)}{67.000\ kWh - 2.000\ kWh} = 0{,}3546\ €/kWh$$

		Hilfs-KSt		Haupt-KSt	
Kostenart	Summe	KSt 2	KSt 1	KSt 3	KSt 4
Primäre Gemeinkosten	325.550,00	45.500,00	10.050,00	150.000,00	120.000,00
Umlage KSt 2	xxxxx	-45.500,00	13.000,00	26.000,00	6.500,00
Umlage KSt 1	xxxxx		-23.050,00	8.865,38	14.184,62
Gemeinkosten	325.550,00	0,00	0,00	184.865,38	140.684,62

Aufgabe 3.2: Stufenleiterverfahren

In dem hier vorliegenden Fall ist es sachgerecht, zunächst die Kantine als erste und die Transportstelle als zweite Hilfskostenstelle auf die Produktionskostenstellen zu verrechnen, da die Kantine Leistungen für die Transportstelle bereitstellt, nicht jedoch umgekehrt. Als Schlüssel bieten sich für die Kantine die Mitarbeiterzahl (ohne Kantinenmitarbeiter) an, für die Transportstelle die Transportmengen. Somit ergibt sich:

		Hilfs-KSt		Haupt-KSt			
Kostenart	Summe	KSt 6	KSt 5	KSt 1	KSt 2	KSt 3	KSt 4
Primäre Gemeinkosten	1.427.500,00	142.500,00	135.000,00	250.000,00	300.000,00	150.000,00	450.000,00
Umlage KSt 6 (285 MA	xxxxx	-142.500,00	5.000,00	25.000,00	37.500,00	25.000,00	50.000,00
Umlage KSt 5 (7.000 kg	xxxxx		-140.000,00	30.000,00	50.000,00	20.000,00	40.000,00
Gemeinkosten	1.427.500,00	0,00	0,00	305.000,00	387.500,00	195.000,00	540.000,00

Dabei ergeben sich die Verrechnungssätze wie folgt:

$$Kantine\ (KSt\ 6): \quad \frac{142.500\ €}{285\ Mitarbeiter} = 500,-\ €/\ Mitarbeiter$$

Die Mitarbeiter der Kantine werden nicht mit berücksichtigt, da alle Kosten der Kantine – d. h. auch die Essen der eigenen Mitarbeiter – auf die Hauptkostenstellen verrechnet werden. Eine Belastung der Kantine mit den Essen der eigenen Mitarbeiter würde daher eine erneute Verrechnung erforderlich machen, so dass die Kantine völlig entlastet ist. Dies kann man mathematisch einfacher erreichen, indem man direkt die eigenen Mitarbeiter hinausrechnet.

$$Transport\,(KSt\ 5): \quad \frac{135.000\ € + 10 \bullet 500\ €}{7.000\ kg} = 20,-\ €/\ kg$$

Aufgabe 3.3: Simultanes Gleichungsverfahren

a)

Es ergibt sich folgendes Gleichungssystem:

$$\text{KSt 1} \quad 10.050\ € + 200\ p_W = 67.000\ p_K$$

$$\text{KSt 2} \quad 45.500\ € + 2.000\ p_K = 700\ p_W$$

Zur Lösung von 2 Gleichungen mit 2 Unbekannten sind seit der 7. Klasse mehrere Verfahren bekannt. So könnte man die Gleichungen beispielsweise durch Auflösen und Einsetzen lösen:

Aus der ersten Gleichung ergibt sich:

$$p_W = \frac{67.000}{200} \bullet p_K - \frac{10.050}{200} €$$

Eingesetzt in die zweite Gleichung ergibt sich:

$$45.500 € + 2.000 p_K = 700 \bullet \left[\frac{67.000}{200} \bullet p_K - \frac{10.050}{200} € \right]$$

$$p_K = 0{,}3470$$

Eingesetzt (mit allen Nachkommastellen!) in die erste Gleichung ergibt sich

$$p_W = 65{,}9914$$

b)

Somit ergibt sich für die Kostenstellenrechnung:

		Hilfs-KSt		Haupt-KSt	
Kostenart	Summe	KSt 1	KSt 2	KSt 3	KSt 4
Primäre Gemeinkosten	325.550,00	10.050,00	45.500,00	150.000,00	120.000,00
Umlage KSt 1	xxxxx	-23.248,28	693,98	8.674,73	13.879,57
Umlage KSt 2	xxxxx	13.198,28	-46.193,98	26.396,56	6.599,14
Gemeinkosten	325.550,00	0,00	0,00	185.071,29	140.478,71

Aufgabe 3.4: Iterationsverfahren am Beispiel des Gesamtschrittverfahrens

Es wird von folgenden Daten ausgegangen:

- Primäre Gemeinkosten Kraftwerk 15.720
- Primäre Gemeinkosten Werkstatt 50.000
- Leistungsabgabe Kraftwerk an Werkstatt 4,0 % (4.000 kWh)
- Leistungsabgabe Werkstatt an Kraftwerk 30,0 % (300 Std.)

1. Iteration:	Kraftwerk	15.720,-	+	0,30	x	50.000,-	=	30.720,00
	Werkstatt	50.000,-	+	0,04	x	15.720,-	=	50.628,80
2. Iteration:	Kraftwerk	15.720,-	+	0,30	x	50.628,80	=	30.908,64
	Werkstatt	50.000,-	+	0,04	x	30.720,-	=	51.228,80
3. Iteration:	Kraftwerk	15.720,-	+	0,30	x	51.228,80	=	31.088,64
	Werkstatt	50.000,-	+	0,04	x	30.908,64	=	51.236,35

Die Preise berechnen sich wie folgt:

31.088,64	/	100.000 kWh	=	0,3109	€/kWh
51.236,35	/	1.000 Std.	=	51,2363	€/Std

Es ergeben sich folgende Preise:

p_K: 0,3109 € /kWh p_W: 51,2363 €/Std

4 Kostenträgerrechnung

Aufgabe 4.1: Äquivalenzziffernkalkulation

a)

Materialkosten

Produkt	Hergestellte Menge	Äquivalenzziffer	Umgerechnete Menge (Hergestellte Menge x Äquvalenzziffer)	Materialkosten (€/Per.)	Stückkosten (€/Stück)
(1)	5.000	0,6	3.000	4.205,61	0,84
(2)	8.000	1,8	14.400	20.186,92	2,52
(3)	4.000	1,0	4.000	5.607,48	1,40
			21.400	30.000	

Fertigungskosten

Produkt	Hergestellte Menge	Äquivalenzziffer	Umgerechnete Menge (Hergestellte Menge x Äquvalenzziffer)	Fertigungskosten (€/Per.)	Stückkosten (€/Stück)
(1)	5.000	0,8	4.000	18.750,00	3,75
(2)	8.000	1,4	11.200	52.500,00	6,56
(3)	4.000	1,0	4.000	18.750,00	4,69
			19.200	90.000	

Verwaltungs- und Vertriebskosten

Produkt	Hergestellte Menge	Äquivalenzziffer	Umgerechnete Menge (Hergestellte Menge x Äquvalenzziffer)	Verwaltungskosten (€/Per.)	Stückkosten (€/Stück)
(1)	5.000	1,5	7.500	8.379,89	1,68
(2)	8.000	0,8	6.400	7.150,84	0,89
(3)	4.000	1,0	4.000	4.469,27	1,12
			17.900	20.000	

b)

Produkt	Stückkosten (€/Stück)	Gesamtkosten (€/Stück)
(1)	6,27	31.335,50
(2)	9,98	79.837,75
(3)	7,21	28.826,75
		140.000,00

Aufgabe 4.2: Ermittlung von Zuschlagssätzen für die Produktkalkulation

a)

Es ergibt sich folgendes Kalkulationsschema, mit dessen Hilfe die Gemeinkostenzuschlagssätze ermittelt werden können:

	€	Verrechnungssatz	(1)	(2)
Materialeinzelkosten	70.000		20.000	50.000
+ Materialgemeinkosten	35.000	50,00%	10.000	25.000
+ Fertigungseinzelkosten	125.000		50.000	75.000
+ Fertigungsgemeinkosten	125.000	100,00%	50.000	75.000
= Herstellkosten	**355.000**		**130.000**	**225.000**
+ Verwaltungsgemeinkosten	35.500	10,00%	13.000	22.500
+ Vertriebsgemeinkosten	26.625	7,50%	9.750	16.875
= Selbstkosten	**417.125**		**152.750**	**264.375**

Da alle produzierten Produkte auch abgesetzt werden, ist keine gesonderte Berechnung der Verwaltungs- und Vertriebskostenzuschlagssätze erforderlich. Anderenfalls hätten diese Zuschlagssätze (zumindest für die Vertriebskosten) auf die Herstellkosten der abgesetzten, nicht der hergestellten Mengen berechnet werden müssen. Diese Konstellation wird in Fall 5.2 behandelt.

Für die Herstell- und Selbstkosten ergibt sich:

b)
Es ergibt sich folgendes Kalkulationsschema, mit dessen Hilfe die Gemeinkostenzuschlagssätze ermittelt werden können:

	€	**Verrechnungssatz**	**(1)**	**(2)**
Materialeinzelkosten	70.000		20.000	50.000
+ Var. Materialgemeinkosten	14.000	20,00%	4.000	10.000
+ Fertigungseinzelkosten	125.000		50.000	75.000
+ Var. Fertigungsgemeinkosten	50.000	40,00%	20.000	30.000
= Var. Herstellkosten	**259.000**		**94.000**	**165.000**
+ Var. Verwaltungsgemeinkoste	0	0,00%	0	0
+ Var. Vertriebsgemeinkosten	12.950	5,00%	4.700	8.250
= Var. Selbstkosten	**271.950**		**98.700**	**173.250**
+ Fixkosten	145.175			
= Selbstkosten	**417.125**			

Da alle produzierten Produkte auch abgesetzt werden, ist keine gesonderte Berechnung der Verwaltungs- und Vertriebskostenzuschlagssätze erforderlich. Anderenfalls hätten diese Zuschlagssätze (zumindest für die Vertriebskosten) auf die Herstellkosten der abgesetzten, nicht der hergestellten Mengen berechnet werden müssen. Diese Konstellation wird in Fall 5.2 behandelt.

c)
Es ergibt sich folgendes Kalkulationsschema, mit dessen Hilfe die Gemeinkostenzuschlagssätze ermittelt werden können:

	€	**Verrechnungssatz**	**(1)**	**(2)**
Materialeinzelkosten	70.000		20.000	50.000
+ Var. Materialgemeinkosten	14.000	20,00%	4.000	10.000
+ Fertigungseinzelkosten	125.000		50.000	75.000
+ Var. Fertigungsgemeinkosten	50.000	1,25 €/Min	12.500	37.500
= Var. Herstellkosten	**259.000**		**86.500**	**172.500**
+ Var. Verwaltungsgemeinkoste	0	0,00%	0	0
+ Var. Vertriebsgemeinkosten	12.950	5,00%	4.325	8.625
= Var. Selbstkosten	**271.950**		**90.825**	**181.125**
+ Fixkosten	145.175			
= Selbstkosten	**417.125**			

Hierbei ergibt sich der Verrechnungssatz für die variablen Fertigungskosten wie folgt:

$$\frac{50.000\ €}{(2.000\ \mathit{Stck..} \bullet 5{,}0\ \mathit{Min./kg}) + (4.000\ \mathit{Stck.} \bullet 7{,}50\ \mathit{Min./kg.})} = 1{,}25\ € / \mathit{Min.}$$

Da alle produzierten Produkte auch abgesetzt werden, ist keine gesonderte Berechnung der Verwaltungs- und Vertriebskostenzuschlagssätze erforderlich. Anderenfalls hätten diese Zuschlagssätze (zumindest für die Vertriebskosten) auf die Herstellkosten der abgesetzten, nicht der hergestellten Mengen berechnet werden müssen. Diese Konstellation wird in Fall 5.2 behandelt.

5 Betriebsergebnisrechnung

Aufgabe 5.1: Bestimmung des internen Betriebsergebnisses nach dem Gesamtkostenverfahren

a)

Gesamtleistung		
	Umsatzerlöse	2.000.000
	Bestandserhöhung ./.	
	(unfertiger Erzeugnisse /	30.000
Gesamtkosten		
	Fertigungsmaterial	250.000
	Fertigungslöhne	750.000
	Hilfslöhne	100.000
	Sozialkosten	200.000
	kalkulatorische Miete	25.000
	kalkulatorischer Zinsen:	15.000
	kalkulatorische AfA	18.000
	kalkulatorischer Unternehmerlohn	15.000
	sonstige Kosten	30.000
Interner Betriebserfolg		627.000

b)

Beim Gesamtkostenverfahren sind die Kosten lediglich nach Kostenarten, nicht aber nach Kostenträgern gegliedert. Dementsprechend lassen sie sich auch nicht auf die Kostenträger zuordnen. Dabei stellt allerdings die Bewertung der Bestandsveränderungen ein Problem dar. Da aufgrund der fehlenden Zuordnung der Kosten auf die Kostenträger auch die Bestände – und damit ihre Veränderungen – nicht bewertet werden können, muss hier auf Schätzwerte zurückgegriffen (oder eben doch eine Kostenträgerrechnung durchgeführt) werden.

Aufgabe 5.2: Umsatzkostenverfahren auf Vollkostenbasis

Lösungshinweise

a)

	€	Verrechnungssatz	(1)	(2)
Umsatz	**962.500**		**400.000**	**562.500**
MEK	250.000		100.000	150.000
+ MGK	16.000	6,40%	6.400	9.600
+ FEK	450.000		200.000	250.000
+ FGK	123.750	27,50%	55.000	68.750
= HK	**839.750**		**361.400**	**478.350**
- Bestandsveränderung	0		0	0
= HK_U	**839.750**	**0**	**361.400**	**478.350**
+ VwVtGK	83.975	10,00%	36.140	47.835
= SK_U	**923.725**		**397.540**	**526.185**
= Internes Betriebsergebnis	**38.775**		**2.460**	**36.315**

b)

	€	Verrechnungssatz	(1)	(2)
Umsatz	**840.000,00**		**300.000,00**	**540.000,00**
MEK	250.000,00		100.000,00	150.000,00
+ MGK	16.000,00	6,40%	6.400,00	9.600,00
+ FEK	450.000,00		200.000,00	250.000,00
+ FGK	123.750,00	27,50%	55.000,00	68.750,00
= HK	**839.750,00**		**361.400,00**	**478.350,00**
- Bestandsveränderung	109.484,00		90.350,00	19.134,00
= HK$_U$	**730.266,00**	**0**	**271.050,00**	**459.216,00**
+ VwVtGK	83.975,00	11,50%	31.168,68	52.806,32
= SK$_U$	**814.241,00**		**302.218,68**	**512.022,32**
= Internes Betriebsergebnis	**25.759,00**		**-2.218,68**	**27.977,68**

c)

Da das angewandte Umsatzkostenverfahren auf Vollkostenbasis beruht, kann keine Aussage darüber getroffen werden, inwiefern bei kurzfristiger Eliminierung eines Produktes auch die zugehörigen Kosten wegfallen. Damit ist aber auch keine Entscheidung über das kurzfristige Produktionsprogramm möglich. Würde beispielsweise Produkt 1 eingestellt, so entfiele auf jeden Fall der Erlös i. H. v. € 300.000. Inwieweit gleichzeitig Kosten entfielen, lässt sich aus dieser Rechnung jedoch nicht ersehen.

Aufgabe 5.3: Umsatzkostenverfahren auf Voll- und Teilkostenbasis

a)

	€	Verrechnungssatz	(1)	(2)
Umsatz	**600.000**		**400.000**	**200.000**
MEK	270.000		200.000	70.000
+ MGK	27.000	10,00%	20.000	7.000
+ FEK	475.000		275.000	200.000
+ FGK	190.000	40,00%	110.000	80.000
= HK	**962.000**		**605.000**	**357.000**
- Bestandsveränderung	240.000		121.000	119.000
= HK$_U$	**722.000**	**0**	**484.000**	**238.000**
+ VwVtGK	72.200	10,00%	48.400	23.800
= SK$_U$	**794.200**		**532.400**	**261.800**
= Internes Betriebsergebnis	**-194.200**		**-132.400**	**-61.800**

b)

	€	Verrechnungssatz	(1)	(2)
Umsatz	**600.000,00**		**400.000,00**	**200.000,00**
MEK	270.000,00		200.000,00	70.000,00
+ Var. MGK	6.750,00	2,50%	5.000,00	1.750,00
+ FEK	475.000,00		275.000,00	200.000,00
+ Var. FGK	38.000,00	8,00%	22.000,00	16.000,00
= Var. HK	**789.750,00**		**502.000,00**	**287.750,00**
- Bestandsveränderung	196.316,67		100.400,00	95.916,67
= Var. HK$_U$	**593.433,33**		**401.600,00**	**191.833,33**
+ Var. VwVtGK	7.220,00	1,22%	4.886,06	2.333,94
= Var. SK$_U$	**600.653,33**		**406.486,06**	**194.167,27**
= Deckungsbeitrag	**-653,33**		**-6.486,06**	**5.832,73**
- Fixkosten	237.230,00			
= Internes Betriebsergebnis	-237.883,33			

c)

Kurzfristig können nur die variablen Kosten abgebaut werden, nicht aber die Fixkosten. Entscheidend für die kurzfristige Entscheidung über das Produktportefeuille ist dementsprechend der Überschuss der Erlöse über die variablen Kosten: der Deckungsbeitrag. Gemäß Fragestellung b) erzielt nur Produkt 2 einen positiven Deckungsbeitrag, Produkt 1 hingegen einen negativen. Dementsprechend sollte Produkt 1 kurzfristig eliminiert werden. (Dies gilt aufgrund der Schlüsselung der Gemeinkosten jedoch nur unter der Prämisse, dass die variablen Gemeinkosten bei Beschäftigungsänderungen für beide Produkte gleich reagieren!)

d)

In Fragestellung a) wurde die Bestandserhöhung sowohl mit den fixen als auch den variablen Kosten der Periode anteilig bewertet. Dies führt dazu, dass neben den variablen Kosten auch entsprechend Fixkosten der laufenden Periode rechnerisch in die nächste Periode transferiert werden.

In Fragestellung b) wurde hingegen die Bestandserhöhung nur mit den variablen Kosten bewertet. Mithin wurden keine Fixkosten in die Zukunft transferiert. Dies muss zwangsläufig dazu führen, dass das interne Betriebsergebnis gem. b) niedriger ausfällt als in a).

6 Deckungsbeitragsrechnung

Aufgabe 6.1: Fixkosten- und Gemeinkosten

Im Regelfall trifft die Vermutung des jungen Kollegen durchaus zu. Präzise ausgedrückt handelt es sich in diesem Fall um fixe Gemeinkosten. Daneben können jedoch auch fixe Einzelkosten oder variable Gemeinkosten existieren. Der Sachverhalt lässt sich wie folgt recht anschaulich darstellen:

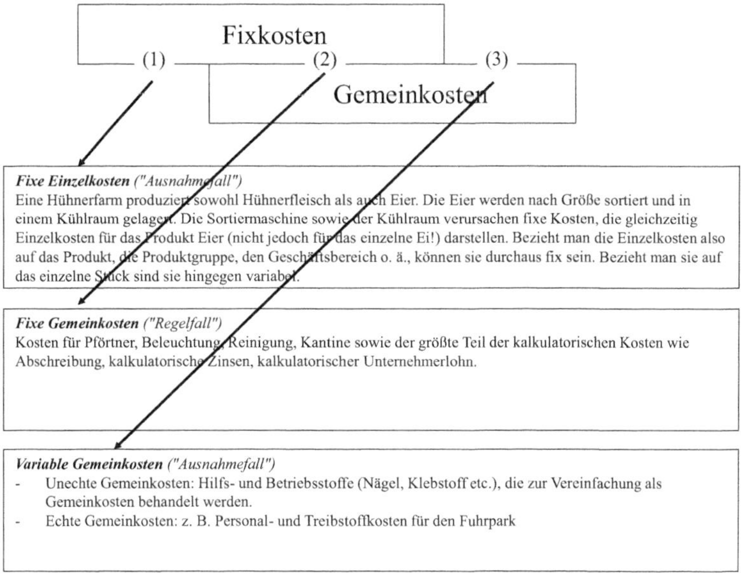

Aufgabe 6.2: Preisfindung durch Aufschlagskalkulation

a)

Der Preis p von Produkt 1 ergibt auf Basis der Stückkosten k sich aus folgender Gleichung

$$p(k) = k + 0{,}75k$$

$$p(k) = 1{,}75k$$

Die Stückkosten k lassen sich wie folgt berechnen:

$$k(x) = (10.000 + 5x)/x$$

Somit ergibt sich für den Preis:

$$p(x) = 1{,}75(10.000 + 5x)/x$$

$$p(x) = (17.500 + 8{,}75x)/x$$

b)
Auf Basis der unter a) entwickelten Preisfunktion lassen sich die Preise für die alternativen Absatzmengen 200 und 600 Stück ermitteln:

$$p(x) = (17.500 + 8{,}75x)/x$$

$$p(200) = 96{,}25$$

$$p(600) = 37{,}92$$

Die angewandte Methode der Preisfindung ist aus mehreren Gründen nicht sachgerecht:

- Die Fixkosten werden in Abhängigkeit von der Ausbringungsmenge auf die Produkte heruntergebrochen.
- Dies führt dazu, dass bei zurückgehender Nachfrage der Preis erhöht wird, was i.d.R. zu einem weiteren Nachfragerückgang führen wird. So setzt eine Preisspirale ein, die die Existenz des Unternehmens gefährdet.
- Zudem ignoriert diese Vorgehensweise, dass sich Preise durch Angebot und Nachfrage am Markt bilden. Die hier vorgenommene Aufschlagskalkulation wird i. d. R. eine Differenz zum Marktpreis mit entsprechenden Folgen auf den Absatz nach sich ziehen.

7 Programmoptimierung

Aufgabe 7.1: Programmoptimierung ohne Engpässe

a) In der Ausgangssituation lässt sich der Gewinn G_a recht einfach berechnen, indem man direkt auf die aus der Ausgangstabelle ableitbaren Netto-Stückgewinne (g_a=p-k) zurückgreift

Produkt	x (Kg/Monat)	g_a = p-k (€/Kg)	G (€/Produkt)
1	8.000	1	8.000
2	12.000	-2	-24.000
3	10.000	7	70.000
G			54.000

b) Ein Vollkostenrechner zieht für seine Entscheidung über das Produktionsprogramm die Netto-Stückgewinne (g_a=p-k) der einzelnen Produkte heran. Ist der Netto-Stückgewinn positiv, so wird die Maximalmenge produziert. Wie aus Aufgabe a) ersichtlich ist, gilt dies für die Produkte (1) und (3). Ist der Netto-Stückgewinn negativ, so wird nur die Mindestmenge hergestellt. Dies trifft für Produkt (2) zu. Mithin ergeben sich folgende Werte:

Produkt	x_{neu}	U (x • p)	K_v (€)	K_f (€)	G (€)
1	15.000	90.000	60.000	8.000	22.000
2	5.000	40.000	5.000	108.000	-73.000
3	12.000	144.000	48.000	10.000	86.000
G					35.000

Bei der Berechnung des Gewinns G_b ist zu berücksichtigen, dass man bei der Bestimmung der Kosten für die einzelnen Produkte nicht auf die Stückkosten der Ausgangssituation zurückgreifen kann. Dies ist darauf zurückzuführen, dass hierin proportionalisierte Fixkosten enthalten sind. Da die Fixkosten bei einer Änderung der Produktionsmenge jedoch konstant bleiben, gelten die berechneten Stückkosten nur für die Produktionsmengen, die ihrer Berechnung zugrunde liegen.

Es ist daher erforderlich, zunächst die Fixkosten der einzelnen Produkte wie folgt zu bestimmen:

Fixe Stückkosten K_f, bezogen auf die Ausgangsmenge:

$k - k_v = k_f$ z. B. Produkt (2) $10 - 1 = 9$

Daraus lassen sich die Fixkosten K_f bestimmen:

$x \bullet k_f = K_f$ z. B. Produkt (2) $12.000 \bullet 9 = 108.000$

c) Ein Teilkostenrechner zieht für seine Entscheidung über das Produktionsprogramm die Deckungsbeiträge [Brutto-Stückgewinne (g_{BR}=p-k_v)] der einzelnen Produkte heran. Ist der Deckungsbeitrag positiv, so wird die Maximalmenge produziert. Wie aus der Aufgabenstellung ersichtlich ist, gilt dies für alle Produkte. Mithin ergeben sich folgende Werte:

Produkt	x_{neu}	U (x • p)	K_v (€)	K_f (€/Kg)	G (€)
1	15.000	90.000	60.000	8.000	22.000
2	18.000	144.000	18.000	108.000	18.000
3	12.000	144.000	48.000	10.000	86.000
G					126.000

Aufgabe 7.2: Programmoptimierung bei einem Engpass

a)

$$G_a = 5.000\,(150 + 120 + 76 + 50 + 40) - 2.000.000 = 180.000$$

b)
Prinzipiell kann man auch hier die Vorgehensweise des Drei-Schritte-Verfahrens anwenden, wobei jedoch für die Festlegung der Produktionsmengen das Auswahlkriterium des Vertriebs (Deckungsbeitrag) angewandt wird.

1. Schritt: Ermittlung der Engpassbelastung durch die Mindestmengen

Produkt	x_{min} (Kg/Monat)	e (m^2/Kg)	E = x_{min} e
1	3.000	0,015	45
2	3.000	0,015	45
3	3.000	0,004	12
4	3.000	0,002	6
5	3.000	0,002	6

2. Schritt: Ermittlung der noch frei verfügbaren Engpasskapazität:

$$190 - 114 = 76\ (m^2/Mon)$$

3. Schritt: Belegung der verfügbaren Restfläche nach Deckungsbeiträgen
(Unter Beachtung der Höchstmengen)

Produkt	d (€/kg)	e (m^2/kg)	Rang	x_{zus} (kg)	E_{zus}
1	150	0,015	1	5.066,67	76
2	120	0,015	2	0	0
3	76	0,004	3	0	0
4	50	0,002	4	0	0
5	40	0,002	5	0	0

Somit ergibt sich folgendes Produktionsprogramm:

Produkt	x_{neu} (Kg/Monat)	$d = p - k_v$ (€/Kg)	$D = d\,x_{neu}$ (€/Monat)
1	8.066,67	150	1.210.000
2	3.000	120	360.000
3	3.000	76	228.000
4	3.000	50	150.000
5	3.000	40	120.000
Bruttogewinn			2.068.000
- Fixkosten			2.000.000
= Nettogewinn			68.000

Unter Berücksichtigung der Mindestmengen verbleibt eine freie Fläche von 76 m^2, die für das Produkt mit dem höchsten Deckungsbeitrag verwendet wird. Es ergibt sich insgesamt ein Nettogewinn von € 68.000,-

c)

1. Schritt: Ermittlung der Engpassbelastung durch die Mindestmengen

Produkt	x_{min} (Kg/Monat)	e (m^2/Kg)	$E = x_{min}\,e$
1	3.000	0,015	45
2	3.000	0,015	45
3	3.000	0,004	12
4	3.000	0,002	6
5	3.000	0,002	6

2. Schritt: Ermittlung der noch frei verfügbaren Engpasskapazität:

$$190 - 114 = 76\ (m^2/\text{Mon})$$

3. Schritt: Belegung der verfügbaren Restfläche nach spezifischen Deckungsbeiträgen

(Unter Beachtung der Höchstmengen)

Produkt	d (€/kg)	e (m^2/kg)	d_S (€/m^2)	Rang	x_{zus} (kg)	E_{zus}
1	150	0,015	10.000	4	1.333,33	20
2	120	0,015	8.000	5	0	0
3	76	0,004	19.000	3	7000	28
4	50	0,002	25.000	1	7000	14
5	40	0,002	20.000	2	7000	14

Somit ergibt sich folgendes Produktionsprogramm:

Produkt	x_{neu} (Kg/Monat)	$d = p - k_v$ (€/Kg)	$D = d\ x_{neu}$ (€/Monat)
1	4.333,33	150	650.000
2	3.000	120	360.000
3	10.000	76	760.000
3	10.000	50	500.000
5	10.000	40	400.000
Bruttogewinn			2.670.000
- Fixkosten			2.000.000
= Nettogewinn			670.000

Aufgabe 7.3: Programmoptimierung bei einem Engpass und ganzzahliger Produktion

a)

1. Schritt: Ermittlung der Engpassbelastung durch die Mindestmengen

Produkt	x_{min} (Stck./Periode)	t (Std./Stck.)	$T = x_{min} \cdot t$
1	1	60	60
2	1	50	50
3	1	50	50

2. Schritt: Ermittlung der noch frei verfügbaren Engpasskapazität:

660 – 160 = 500 (Std./Mon.)

3. Schritt: Belegung der verfügbaren Restkapazität nach spezifischen Deckungsbeiträgen

(Unter Beachtung der Höchstmengen)

Produkt	d (€/Stck.)	t (Std./Stck.)	d_s (€/std.)	Rang	x_{zus} (Stck.)	E_{zus}
1	13.200	60	220	1	8	480
2	10.000	50	200	3		
3	10.750	50	215	2		

Somit ergibt sich folgendes Produktionsprogramm:

Produkt	x_{neu} (Stück/Periode)	d (€/Stück)	$D = d \cdot x_{neu}$ (€/Halbjahr)
1 (Rang 1)	9	13.200	118.800
2 (Rang 3)	1	10.000	10.000
3 (Rang 2)	1	10.750	10.750
Bruttogewinn			139.550

b)

Das Drei-Schritte-Verfahren auf Basis des spezifischen Deckungsbeitrags kann nur bei beliebiger Teilbarkeit der Produkte angewandt werden. Sofern nur ganzzahlige Produktmengen hergestellt werden, kann – muss aber nicht zwangsläufig – das Verfahren zu Fehlentscheidungen führen. Dies liegt daran, dass bei Anwendung des Verfahrens ggf. freie Restkapazitäten verbleiben. Dies kann dazu führen, dass es besser sein kann, lieber ein Produkt mit einem niedrigeren spezifischen Deckungsbeitrag zu produzieren, das aber die Kapazität so ausnutzt, dass keine oder nur eine geringe freie Restkapazität verbleibt.

In dem hier anzutreffenden Fall ließe sich durch eine Kombination von Produkt 1 und 3 die Kapazität von 500 Std. (nach Produktion der Mindestmengen) besser ausnutzen. Es ergibt sich:

Alternative Belegung der verfügbaren Restkapazität im 3. Schritt
(d. h.: nicht nach spezifischen Deckungsbeiträgen)
(Unter Beachtung der Höchstmengen)

Produkt	d (€/Stck.)	t (Std./Stck.)	d_s (€/std.)	Rang	x_{zus} (Stck.)	E_{zus}
1	13.200	60	220	1	5	300
2	10.000	50	200	3		
3	10.750	50	215	2	4	200

Somit ergibt sich folgendes Produktionsprogramm:

Produkt	x_{neu} (Stück/Periode)	d (€/Stück)	$D = d \cdot x_{neu}$ (€/Halbjahr)
1 (Rang 1)	6	13.200	79.200
2 (Rang 3)	1	10.000	10.000
3 (Rang 2)	5	10.750	53.750
Bruttogewinn			142.950

Aufgabe 7.4: Programmoptimierung bei mehreren Engpässen im Zwei-Güter Fall

a)

Maschine	T	t_A	t_B	Kapazitätslinie
1	720	4	9	$720 = 4\ x_A + 9\ x_B$
2	820	10	4	$820 = 10\ x_A + 4\ x_B$
3	800	8	8	$800 = 8\ x_A + 8\ x_B$

b) und c)

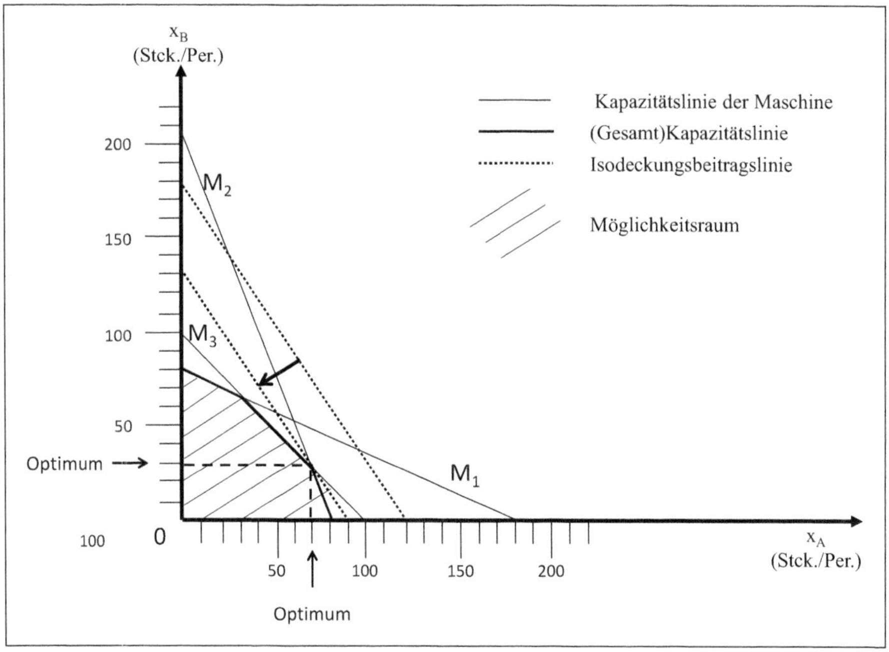

Wie aus der Zeichnung ersichtlich wird, wird das Gewinnmaximum erreicht, wenn die Kapazität der Maschine 2 und 3 voll ausgelastet wird (Schnittpunkt der Kapazitätslinien der Maschinen 2 und 3). Hieraus lassen sich die Gewinn maximierende Produktionsmengen berechnen:

Maschine 2: $820 = 10\ x_A + 4\ x_B$

Maschine 3: $800 = 8\ x_A + 8\ x_B$

$x_A = 70$

$x_B = 30$

Damit ergibt sich folgender Bruttogewinn:

$$G^{br} = 70 \bullet 15 + 30 \bullet 10 = 1.350$$

Aufgabe 7.5: Programmoptimierung bei mehreren Engpässen im Zwei-Güter Fall: Sensitivitätsanalyse

a)

Eine Änderung der Verkaufspreise führt dazu, dass sich die Steigung der Isodeckungsbeitragslinie verändert. Wenn der Preis von „A" cet. par. steigt, so nimmt die Steigung der Isodeckungsbeitragslinie ab, sinkt der Preis, so nimmt die Steigung der Isodeckungsbeitragslinie zu.

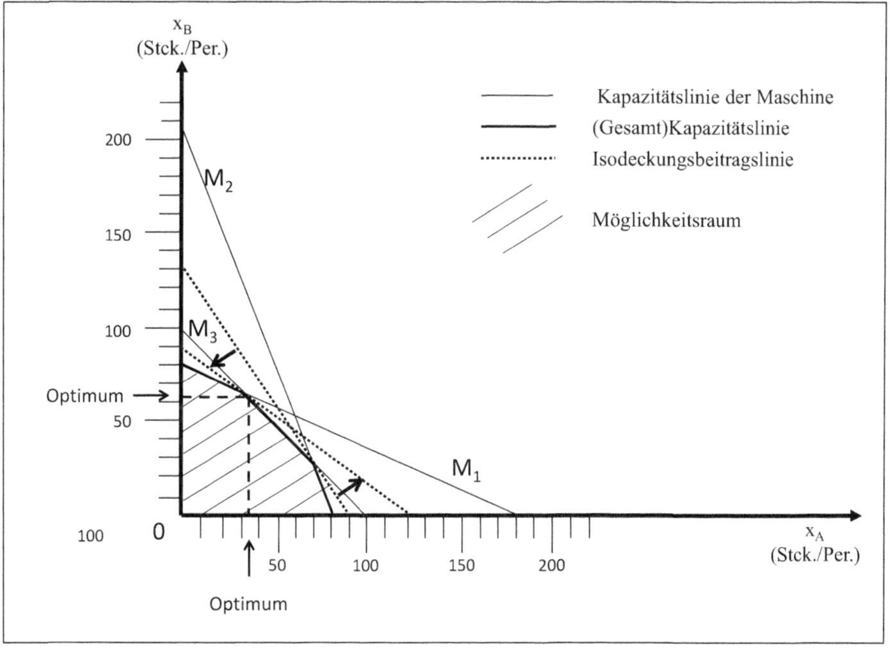

Eine Preisänderung hat so lange keine Auswirkung auf das optimale Produktionsprogramm, so lange die Isodeckungsbeitragslinie die Kapazitätslinie weiterhin in dem in Aufgabe 7.4 ermittelten Schnittpunkt der Kapazitätslinien von Maschine 2 und 3 tangiert. Selbst in dem Grenzfall, in denen ihre Steigung der Isodeckungsbeitragslinie der Steigung der Kapazitätslinie von M_3 entspricht, ist noch keine Produktionsanpassung erforderlich. Allerdings ist das ermittelte Produktionsprogramm nun nicht mehr das einzig optimale.

Nimmt die Steigung der Isodeckungsbeitragslinie jedoch so stark zu, dass sie die Kapazitätslinie im Schnittpunkt der Kapazitätslinien von M_1 und M_3 tangiert, ändert sich das optimale Produktionsprogramm. Im Vergleich zu Aufgabe 7.4 wird weniger von Produkt A und mehr von Produkt B hergestellt.

Eine Produktionsanpassung wird demnach in dem Moment erforderlich, in dem die Steigung der Isodeckungsbeitragslinie größer ist, als die Steigung der Kapazitätslinie von M_3.

Ein **neues Produktionsprogramm** ergibt sich mithin, wenn gilt:

$$-\frac{d_a}{d_b} > -\frac{t_a^{(3)}}{t_b^{(3)}}$$

$$-d_a > -\frac{t_a^{(3)}}{t_b^{(3)}} \bullet d_b$$

$$d_a < \frac{t_a^{(3)}}{t_b^{(3)}} \bullet d_b$$

$$d_a < \frac{8}{8} \bullet 10$$

Um zu einer Änderung des optimalen Produktionsprogramms zu führen, muss demnach der Deckungsbeitrag von Produkt A unter € 10,- sinken.

Aus den Aufgabe 7.4 ist bekannt, dass der Deckungsbeitrag von Produkt A in der Ausgangssituation € 15,- beträgt. In dieser Aufgabe wurde noch der Preis i. H. v. € 20,- angegeben. Hieraus lassen sich variable Kosten i. H. v. € 5,- ableiten. Mithin gilt:

$$p_a - 5 < \frac{8}{8} \bullet 10$$

$$p_a < \frac{8}{8} \bullet 10 + 5$$

$$p_a < 15$$

Sobald der Preis von Produkt A unter € 15,- sinkt, sollte die Produktion von A eingestellt und nur noch Produkt B hergestellt werden.

b)
Wie aus der Zeichnung ersichtlich wird, wird das Gewinnmaximum erreicht, wenn die Kapazität der Maschine 1 und 3 voll ausgelastet wird (Schnittpunkt der Kapazitätslinien der Maschinen 2 und 3). Hieraus lassen sich die Gewinn maximierende Produktionsmengen berechnen:

Maschine 2: $820 = 4\ x_A + 9\ x_B$

Maschine 3: $800 = 8\ x_A + 8\ x_B$

$$x_A = 36$$

$$x_B = 64$$

Damit ergibt sich folgender Bruttogewinn:

$$G^{br} = 36 \bullet 15 + 64 \bullet 10 = 1.180$$

c)
Es gelten die gleichen Überlegungen, wie unter Aufgabenteil a:

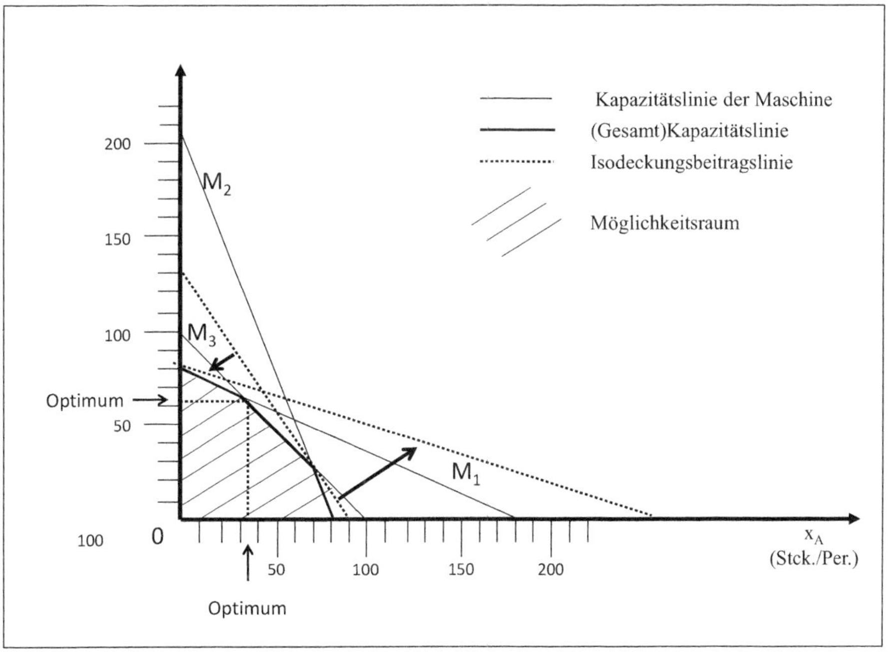

Eine Produktionsanpassung wird demnach in dem Moment erforderlich, in dem die Steigung der Isodeckungsbeitragslinie größer ist, als die Steigung der Kapazitätslinie von M_1.

Ein **neues Produktionsprogramm** ergibt sich mithin, wenn gilt:

$$-\frac{d_a}{d_b} > -\frac{t_a^{(1)}}{t_b^{(1)}}$$

$$-d_a > -\frac{t_a^{(1)}}{t_b^{(1)}} \bullet d_b$$

$$d_a < \frac{t_a^{(1)}}{t_b^{(1)}} \bullet d_b$$

$$d_a < \frac{4}{9} \bullet 10$$

Um zu einer Änderung des optimalen Produktionsprogramms zu führen, muss demnach der Deckungsbeitrag von Produkt A unter € 4,44 sinken.

Aus den Aufgabe 7.4 ist bekannt, dass der Deckungsbeitrag von Produkt A in der Ausgangssituation € 15,- beträgt. In dieser Aufgabe wurde noch der Preis i. H. v. € 20,- angegeben. Hieraus lassen sich variable Kosten i. H. v. € 5,- ableiten. Mithin gilt:

$$p_a - 5 < \frac{4}{9} \bullet 10$$

$$p_a < \frac{4}{9} \bullet 10 + 5$$

$$p_a < 9{,}44$$

Sobald der Preis von Produkt A unter € 9,44 sinkt, sollte die Produktion von A zurückgenommen und dafür mehr von Produkt B hergestellt werden.

Aufgabe 7.6: Programmoptimierung bei mehreren Engpässen im Mehrgüterfall: Die Simplex-Methode

	N	N	N	B	B	B	B		Umformung	Pivotzeile
(1.1)	4	8	2	1	0	0	0	400		: 8 = 50
(1.2)	2	**8**	2	0	1	0	0	320		: 8 = **40**
(1.3)	4	4	4	0	0	1	0	520		: 4 = 130
(1.4)	2	4	2	0	0	0	1	280		: 4 = 70
(1.5)	3	12	6	0	0	0	0	0		

	N	B	N	B	N	B	B		Umformung	Pivotzeile
(2.1)	2	0	0	1	–1	0	0	80	(1.1) – 8 • (2.2)	: 0 = --
(2.2)	1/4	1	1/4	0	1/8	0	0	40		: 1/4 = 160
(2.3)	3	0	3	0	–1/2	1	0	360	(1.3) – 4 • (2.2)	: 3 = **120**
(2.4)	1	0	**1**	0	–1/2	0	1	120	(1.4) – 4 • (2.2)	: 1 = **120**
(2.5)	0	0	3	0	–3/2	0	0	–480	(1.5) – 12 • (2.2)	

Alternativ kann in der zweiten Matrix auch Zeile (3) als Pivotzeile verwendet werden. Beides führt am Ende zum gleichen Ergebnis, wie die weiter unten aufgeführte Alternativrechnung zeigt.

	N	B	B	B	N	B	N		Umformung	Pivotzeile
(3.1)	2	0	0	1	–1	0	0	80		
(3.2)	0	1	0	0	1/4	0	–1/4	10	(2.2) – 1/4 • (3.4)	
(3.3)	0	0	0	0	1	1	–3	0	(2.3) – 3 • (3.4)	
(3.4)	1	0	1	0	–1/2	0	1	120		
(3.5)	–3	0	0	0	0	0	–3	–840	(2.5) – 3 • (3.4)	

Somit ergibt sich als Gewinn maximierendes Produktionsprogramm

A 0 Stück
B 10 Stück
C 120 Stück

Der Gesamtdeckungsbeitrag beträgt € 840. Die freie Kapazität beträgt bei Maschine 1 noch 80 Minuten. Die anderen Maschinen sind voll ausgelastet.

Die alternative Vorgehensweise im 3. Schritt führt zum gleichen Ergebnis:

	N	B	B	B	N	N	B		Umformung	Pivotzeile
(3.1)	2	0	0	1	–1	0	0	80		
(3.2)	0	1	0	0	1/6	–1/12	0	10	(2.2) – 1/4 • (3.3)	
(3.3)	1	0	1	0	–1/6	1/3	0	120		
(3.4)	0	0	0	0	–1/3	–1/3	1	0	(2.3) – 1 • (3.3)	
(3.5)	–3	0	0	0	–1	–1	0	–840	(2.5) – 3 • (3.3)	

8 Gestufte Fixkostendeckungsrechnung

Aufgabe 8.1: Stufenweise Fixkostendeckungsrechnung: Generelle Aussagen

Die Deckungsbeitragsrechnung wird um die stufenweise Fixkostendeckungsrechnung erweitert, um Produktionsprogramme ~~kurz~~/*langfristig* zu optimieren. Es ist dazu ~~zweckmäßig~~/*unzweckmäßig*, die Bereichsfixkosten auf die einzelnen Produktgruppen zu schlüsseln. Eine sinnvolle Anwendung ist insbesondere bei ~~funktional~~/*divisional* strukturierten Unternehmen gegeben.

Aufgabe 8.2: Stufenweise Fixkostendeckungsrechnung

a)

	Zulassungspflichtig					Nicht zulassungspflichtig			
	Schmerzmittel		Leistungsteigernde Mittel			Beruhigungsmittel		Körperpflegemittel	
	001	002	003	004	005	006	007	008	009
Absatzmenge	120.000	60.000	240.000	60.000	24.000	180.000	96.000	60.000	24.000
x Preis	15	20	85	80	125	20	15	20	15
= Erlös	1.800.000	1.200.000	20.400.000	4.800.000	3.000.000	3.600.000	1.440.000	1.200.000	360.000
./. Materialeinzelkosten	560.000	450.000	8.665.000	1.900.000	785.000	850.000	320.000	160.000	200.000
./. Var. Materialgemeinkosten	112.000	90.000	1.733.000	380.000	157.000	170.000	64.000	32.000	40.000
./. Fertigungseinzelkosten	800.000	500.000	8.000.000	1.745.000	890.000	1.350.000	350.000	120.000	255.000
./. Var. Fertiungsgemeinkosten	80.000	50.000	800.000	174.500	89.000	135.000	35.000	12.000	25.500
= DB	**248.000**	**110.000**	**1.202.000**	**600.500**	**1.079.000**	**1.095.000**	**671.000**	**876.000**	**-160.500**
./. Produkt-Fixkosten	200.000	100.000	950.000	550.000	1.000.000	850.000	600.000	150.000	250.000
= RDB I	**48.000**	**10.000**	**252.000**	**50.500**	**79.000**	**245.000**	**71.000**	**726.000**	**-410.500**
./. Produktguppen-Fixkosten	200.000		250.000			150.000		250.000	
= RDB II	**-142.000**		**131.500**			**166.000**		**65.500**	
./. Geschäftsbereichs-Fixkosten	50.000					100.000			
= RDB III	-60.500					131.500,00			
./. Unternehmens-FK	100.000,00								
= RDB IV (Ergebnis)	**-29.000**								

b)

Kurzfristig sind nur die variablen Kosten abbaubar. Da in dem hier untersuchten Unternehmen ausschließlich variable Produktkosten existieren, ist zu untersuchen, bei welchem Produkt ein negativer Deckungsbeitrag anfällt. Mithin kann das Betriebsergebnis kurzfristig durch Einstellung von Produkt 9 um den negativen Deckungsbeitrag i. H. v. € –160.500 auf € 131.500 erhöht werden.

Die nachfolgende gestufte Fixkostendeckungsrechnung soll die getroffene Entscheidung verdeutlichen und dient lediglich der didaktischen Erläuterung. Für die Lösung der Aufgabe ist ihre Erstellung nicht erforderlich, da man das Ergebnis, wie vorangehend geschehen, unmittelbar aus der ursprünglichen Fixkostendeckungsrechnung ableiten kann.

	Zulassungspflichtig					Nicht zulassungspflichtig			
	Schmerzmittel		Leistungsteigernde Mittel			Beruhigungsmittel		Körperpflegemittel	
	001	002	003	004	005	006	007	008	009
Absatzmenge	120.000	60.000	240.000	60.000	24.000	180.000	96.000	60.000	
x Preis	15	20	85	80	125	20	15	20	
= Erlös	1.800.000	1.200.000	20.400.000	4.800.000	3.000.000	3.600.000	1.440.000	1.200.000	
./. Materialeinzelkosten	560.000	450.000	8.665.000	1.900.000	785.000	850.000	320.000	160.000	
./. Var. Materialgemeinkosten	112.000	90.000	1.733.000	380.000	157.000	170.000	64.000	32.000	
./. Fertigungseinzelkosten	800.000	500.000	8.000.000	1.745.000	890.000	1.350.000	350.000	120.000	
./. Var. Fertiungsgemeinkosten	80.000	50.000	800.000	174.500	89.000	135.000	35.000	12.000	
= DB	**248.000**	**110.000**	**1.202.000**	**600.500**	**1.079.000**	**1.095.000**	**671.000**	**876.000**	
./. Produkt-Fixkosten	200.000	100.000	950.000	550.000	1.000.000	850.000	600.000	150.000	250.000
= RDB I	**48.000**	**10.000**	**252.000**	**50.500**	**79.000**	**245.000**	**71.000**	**726.000**	**-250.000**
./. Produktguppen-Fixkosten	200.000		250.000			150.000		250.000	
= RDB II	**-142.000**		**131.500**			**166.000**		**226.000**	
./. Geschäftsbereichs-Fixkosten	50.000					100.000			
= RDB III	-60.500					292.000,00			
./. Unternehmens-FK	100.000,00								
= RDB IV (Ergebnis)	**131.500**								

c)

Langfristig können in aller Regel auch die Fixkosten abgebaut werden. Daher ist nunmehr zu untersuchen, welche Produkte, Produktgruppen oder Geschäftsbereiche nach Einbeziehung der Fixkosten einen negativen Restdeckungsbeitrag aufweisen. Dies ist bei den Schmerzmitteln der Fall. Diese Produktgruppe sollte daher langfristig eingestellt werden. Hierdurch lässt ich das Betriebsergebnis um den negativen Deckungsbeitrag II der Produktgruppe i. H. v. € –142.000 gegenüber der Ausgangssituation erhöhen. Berücksichtigt man zudem, dass langfristig auch die mit Produkt 9 verbundenen Fixkosten abgebaut werden können, so ergibt sich gegenüber b) eine weitere Erhöhung um die entfallenden Produktfixkosten i. H. v. € 250.000. Es ergibt sich somit langfristig eine Erhöhung des Betriebsergebnisses auf € 523.500.

Die nachfolgende gestufte Fixkostendeckungsrechnung soll die getroffene Entscheidung verdeutlichen und dient lediglich der didaktischen Erläuterung. Für die Lösung der Aufgabe ist ihre Erstellung nicht erforderlich, da man das Ergebnis, wie vorangehend geschehen, unmittelbar aus der ursprünglichen Fixkostendeckungsrechnung ableiten kann.

	Zulassungspflichtig					Nicht zulassungspflichtig			
	Schmerzmittel		Leistungsteigernde Mittel			Beruhigungsmittel		Körperpflegemittel	
	001	002	003	004	005	006	007	008	009
Absatzmenge			240.000	60.000	24.000	180.000	96.000	60.000	
x Preis			85	80	125	20	15	20	
= Erlös			20.400.000	4.800.000	3.000.000	3.600.000	1.440.000	1.200.000	
./. Materialeinzelkosten			8.665.000	1.900.000	785.000	850.000	320.000	160.000	
./. Var. Materialgemeinkosten			1.733.000	380.000	157.000	170.000	64.000	32.000	
./. Fertigungseinzelkosten			8.000.000	1.745.000	890.000	1.350.000	350.000	120.000	
./. Var. Fertiungsgemeinkosten			800.000	174.500	89.000	135.000	35.000	12.000	
= DB			**1.202.000**	**600.500**	**1.079.000**	**1.095.000**	**671.000**	**876.000**	
./. Produkt-Fixkosten			950.000	550.000	1.000.000	850.000	600.000	150.000	
= RDB I			**252.000**	**50.500**	**79.000**	**245.000**	**71.000**	**726.000**	
./. Produktguppen-Fixkosten				250.000		150.000		250.000	
= DB II				**131.500**		**166.000**		**476.000**	
./. Geschäftsbereichs-Fixkosten			50.000			100.000			
= RDB III			81.500			542.000,00			
./. Unternehmens-FK					100.000,00				
= DB IV (Ergebnis)					**523.500**				

Mithin kann langfristig das Betriebsergebnis auf 523.500 €/Jahr erhöht werden.

9 Wahl des optimalen Produktionsverfahrens

Aufgabe 9.1: Kurzfristige Verfahrenswahl ohne Engpass

a)

Maschine	Gesamtkosten des Vorproduktes (€/Monat)	
1	100.000 + 500 x 50 =	**125.000**
2	200.000 + 250 x 50 =	212.500
3	300.000 + 150 x 50 =	307.500

Der Kostenstellenleiter wird sich für diejenige Maschine entscheiden, bei der die ihm zugerechneten Kosten minimiert werden. Dies ist in diesem Fall Maschine 1.

b)

Maschine	Gesamtkosten des Vorproduktes (€/Monat)	
1	500 x 50 =	25.000
2	250 x 50 =	12.500
3	150 x 50 =	**7.500**

Der Kostenstellenleiter wird sich für diejenige Maschine entscheiden, bei der die ihm zugerechneten Kosten minimiert werden. Dies ist in diesem Fall Maschine 3.

c)

Maschine	Gesamtkosten des Vorproduktes (€/Monat)	
1	100.000 + 200.000 + 300.000+500 x 50 =	625.000
2	100.000 + 200.000 + 300.000+250 x 50 =	612.500
3	100.000 + 200.000 + 300.000+150 x 50 =	**607.500**

Der Kostenstellenleiter wird sich für diejenige Maschine entscheiden, bei der die ihm zugerechneten Kosten minimiert werden. Dies ist in diesem Fall Maschine 3.

d)
Der Einbezug der Fixkosten in die Entscheidung des Kostenstellenleiters, wie er unter a) vorgenommen wird, führt bei der Verfahrenswahl zu einer Fehlentscheidung. Da der Kostenstelle hier sowohl die variablen als auch die fixen Kosten zugerechnet werden, wird der Kostenstellenleiter die von ihm verantworteten Gesamtkosten minimieren. Die ihm nicht zugerechneten Fixkosten der stillgelegten Maschinen wird er außer Betracht lassen, obwohl sie für das Unternehmen weiterhin anfallen. Wie unter c) gezeigt wird, führt diese Entscheidung aus Unternehmensgesamtsicht zu den höchsten Produktionskosten.

Die Entscheidung auf Basis der variablen Kosten gemäß b) führt hingegen auch aus Unternehmensgesamtsicht zu einer Minimierung der Kosten, wie sich wiederum aus c) ersehen lässt.

Aufgabe 9.2: Kurzfristige Verfahrenswahl mit einem Engpass

a)

In der Ausgangssituation besteht selbst dann kein Engpass, wenn beide Produkte auf der gleichen Maschine abgefüllt werden. Mithin wird derjenige Automat gewählt, bei dem sich die geringsten variablen Stückkosten für die beiden Produkte ergeben.

Abfüllautomat	Fixkosten (€/Mon.)	Grenzkosten (€/Min.) 1	2	Stückzeiten (Min./Stück) 1	2	Variable Stückkosten (€/Stck.) 1	2
A	3.000,00	1,00	1,50	6,00	4,00	6,00	6,00
B	1.000,00	2,00	3,50	4,00	6,00	8,00	21,00
C	1.800,00	4,00	3,50	3,50	2,00	14,00	7,00

Somit kommt Abfüllautomat A zum Einsatz. Die in Anspruch genommene Kapazität beträgt 4.500 Minuten für Produkt (1) und 3.000 Minuten für Produkt (2). Die hierdurch entstehenden variablen Kosten betragen für Produkt (1) € 4.500,- und für Produkt (2) ebenfalls € 4.500,-. Mithin betragen die Gesamtkosten (inkl. der Fixkosten) € 14.800,-

b)

Durch die Produktionsausweitung entsteht auf Automat A ein Engpass. Um festzustellen, welches Produkt auf welchen Automaten verlagert wird, müssen die spezifischen Mehrkosten bestimmt werden, die hierdurch entstehen. Es wird dann die Verlagerung durchgeführt, bei der diese Mehrkosten minimiert werden.

	Produkt (1)	Produkt (2)
A	-	-
B	(8,00 - 6,00) / 6 = 0,33	(21,00 - 6,00) / 4 = 3,75
C	(14,00 - 6,00) / 6 = 1,33	(7,00 - 6,00) / 4 = 0,25

Mithin wird bei Erreichen der Kapazitätsgrenze von Maschine A die Produktion von Produkt (2) auf Maschine C verlagert. Es ergeben sich folgende Produktionsmengen:

	Produkt (1)	Produkt (2)	Benötigte Kapzität
A	1.500	250	10.000
B	0	0	0
C	0	500	1.000

Hierbei entstehen Gesamtkosten von € 19.800,-, die sich wie folgt aufteilen:

Variable Kosten:

	Produkt (1)	Produkt (2)	Variable Kosten
A	9.000	1.500	10.500
B	0	0	0
C	0	3.500	3.500

Fixkosten: 5.800

c)
Durch die Produktionsausweitung entsteht auf Automat A ein Engpass. Um festzustellen, welches Produkt auf welchen Automaten verlagert wird, müssen die spezifischen Mehrkosten bestimmt werden, die hierdurch entstehen. Es wird dann die Verlagerung durchgeführt, bei der diese Mehrkosten minimiert werden.

	Produkt (1)	Produkt (2)
A	-	-
B	(8,00 - 6,00) / 6 = 0,33	(21,00 - 6,00) / 4 = 3,75
C	(14,00 - 6,00) / 6 = 1,33	(7,00 - 6,00) / 4 = **0,25**

Mithin wird bei Erreichen der Kapazitätsgrenze von Maschine A die Produktion von Produkt (2) auf Maschine C verlagert. Es ergeben sich folgende Produktionsmengen:

	Produkt (1)	Produkt (2)	Benötigte Kapzität
A	750	1.375	10.000
B	0	0	0
C	0	125	250

Hierbei entstehen Gesamtkosten von € 19.425,-, die sich wie folgt aufteilen:

Variable Kosten:

	Produkt (1)	Produkt (2)	Variable Kosten
A	4.500	8.250	12.750
B	0	0	0
C	0	875	875

Fixkosten: 5.800

10 Eigenfertigung oder Fremdbezug

Aufgabe 10.1: Kurzfristige Entscheidung über Eigenfertigung oder Fremdbezug

a)

Da kurzfristig die Fixkosten nicht abgebaut werden können, ist für eine Entscheidung „Eigenfertigung oder Fremdbezug" allein die Relation von Einkaufspreis zu variablen Stückkosten der eigenen Fertigung relevant. Wenn die variablen Stückkosten über dem Einkaufspreis des Zwischenproduktes liegen, sollte fremdbezogen werden. Dies ist für das Produkt 5 der Fall.

b)

Da aus Aufgabe a) bekannt ist, dass die eigenen variablen Stückkosten des Produkts 5 über dem Einkaufspreis bei Fremdbezug liegen, wird dieses Zwischenprodukt auf jeden Fall fremd bezogen. Bei den anderen Zwischenprodukten ist bei einer kurzfristigen Betrachtung die Eigenfertigung vorzuziehen, sofern die entsprechenden Kapazitäten zur Verfügung stehen.

Insgesamt werden für die Qualitätskontrolle der verbleibenden Produkte 14.500 Minuten (241,67 Stunden) benötigt. Mithin werden alle Produkte, außer Produkt 5, selbst gefertigt.

c)

Aufgrund der bereits unter a) und b) gewonnenen Ergebnisse ist bekannt, dass das Produkt 5 auf jeden Fall fremd bezogen wird. Die verbleibenden Zwischenprodukte konkurrieren nunmehr um den Engpass in der Qualitätskontrolle. Für die Entscheidung müssen daher nun die spezifischen Mehrkosten des Fremdbezugs herangezogen werden. Somit ergibt sich:

Zwischenprodukt	$p - k_v$	t (Min./kg)	$(p_F - k_V) / t$	Rang
1	20,-	0,5	40,-	2
2	10,-	2,5	4,-	3
3	250,-	5	50,-	1
4	50,-	20	2,5	4

Die Engpasskapazität wird nun entsprechend der gefundenen Rangfolge auf die Zwischenprodukte verteilt:

Rang	Zwischenprodukt	T Zur Verfügung stehende Kapazität (Min./Mon.)	t Benötigte Kapazität je Kilogramm (Min/kg.)	x Benötigte Menge (kg)	X_E Eigenfertigungsmenge (kg)	X_B Fremdbezugsmenge (kg)	T_E Benötigte Zeit für die Eigenproduktion (Min./kg)
1	3	7.200,00	5,00	500,00	500,00	0,00	2.500,00
2	1	4.700,00	0,50	1.500,00	1.500,00	0,00	750,00
3	2	3.950,00	2,50	2.500,00	1.580,00	920,00	3.950,00
4	4	0,00	20,00	250,00	0,00	250,00	0,00

Mithin werden folgende Mengen fremd beschafft:

Produkt 2	920 kg
Produkt 4:	250 kg
Produkt 5:	3.000 kg

Aufgabe 10.2: Langfristige Entscheidung über Eigenfertigung oder Fremdbezug

Die Stückkosten der Eigenfertigung ergeben sich wie folgt:

$$\frac{\left(e_0 \frac{r}{1-q^{-t}} + e_t\right)}{x} + k_v = k$$

$$\frac{\left(160.000 \frac{0{,}05}{1-1{,}05^{-5}} + 50.000_t\right)}{2.000} + 20 = 63{,}48$$

Eine Eigenfertigung ist nicht sinnvoll, da die Herstellkosten über dem Preis für die Fremdbeschaffung liegen.

Aufgabe 10.3: Langfristige Entscheidung über Eigenfertigung oder Fremdbezug

Lösungshinweise

a)

Um die kritische Eigenstromverbrauchsmenge zu ermitteln, muss die Menge bestimmt werden, bei der die Mehrosten der Stromerzeugung zumindest gleich oder niedriger sind als die Kosten der Stromfremdbeschaffung.

zusätzlichen durchschnittlichen Mehrauszahlungen der Eigenstromerzeugung
=
Kosten der Fremdbeschaffung

KWK
=
WVA

$$1.500.000 \bullet ANF(30; 0{,}10) + 1.100.000 + 0{,}03 \bullet 1.500.000 - 0{,}10 \bullet (1.500.000 - x)$$
$$=$$
$$750.000 \bullet ANF(30; 0{,}10) + 960.000 + 0{,}25 \bullet x$$

$$750.000 \bullet ANF(30; 0{,}10) + 140.000 + 0{,}03 \bullet 1.500.000 - 0{,}10 \bullet (1.500.000 - x)$$
$$=$$
$$0{,}25 \bullet x$$

$$750.000 \bullet 0{,}106079 + 140.000 + 45.000$$
$$=$$
$$0{,}25 \bullet x + 150.000 - 0{,}10 \bullet x$$

$$79.559{,}25 + 185.000$$
$$=$$
$$0{,}15 \bullet x + 150.000$$

$$114.559{,}25$$

$$= 0{,}15 \bullet x$$

$$x = 763.728{,}33$$

Der Umstieg auf die Kraft-Wärmekopplung ist demnach rentabel, wenn der Eigenstromverbrauch über 763.728,33 kwh/Jahr liegt.

b)

Zur Berechnung des kritischen Einspeisungspreises kann auf die in Aufgabe a) verwendete Gleichung zurückgegriffen werden. In diesem Fall ist jedoch x bekannt, währen der Einspeisungspreis p berechnet werden muss:

$$KWK = WVA$$

$$1.500.000 \bullet ANF(30; 0{,}10) + 1.100.000 + 0{,}03 \bullet 1.500.000 - p \bullet (1.500.000 - 737.625) = 750.000 \bullet ANF(30; 0{,}10) + 960.000 + 0{,}25 \bullet 737.625$$

$$750.000 \bullet ANF\ (30; 0{,}10) + 140.000 + 0{,}03 \bullet 1.500.000 = 0{,}25 \bullet 737.625 + p \bullet (1.500.000 - 737.625)$$

$$750.000 \bullet 0{,}106079 + 140.000 + 45.000 = 0{,}25 \bullet 737.625 + 762.375 \bullet p$$

$$264.559{,}25 = 184.406{,}25 + 762.375 \bullet p$$

$$80.153$$

$$= 762.375 \bullet p$$

$$P = 0{,}1051$$

Der Umstieg auf die Kraft-Wärmekopplung ist demnach rentabel, wenn Einspeisungspreis auf mindestens 0,1051 €/kwh angehoben wird.

c)

Zur Berechnung der kritischen Nutzungsdauer kann auf die in Aufgabe a) verwendete Gleichung zurückgegriffen werden. In diesem Fall sind alle Werte außer dem ANF bekannt. Durch Ermittlung des ANF kann anschließend auf die kritische Nutzungsdauer bestimmt werden:

$$KWK = WVA$$

$$1.500.000 \bullet ANF\,(t;\,0{,}10) + 1.100.000 + 0{,}03 \bullet 1.500.000 - 0{,}10 \bullet (1.500.000 - 737.625) = 750.000 \bullet ANF\,(t;\,0{,}10) + 960.000 + 0{,}25 \bullet 737.625$$

$$750.000 \bullet ANF\,(t;\,0{,}10) + 140.000 + 0{,}03 \bullet 1.500.000 = 0{,}25 \bullet 737.625 + 0{,}10 \bullet (1.500.000 - 737.625)$$

$$750.000 \bullet ANF\,(t;\,0{,}10) + 140.000 + 45.000 = 0{,}25 \bullet 737.625 + 762.375 \bullet 0{,}10$$

$$750.000 \bullet ANF(t; 0{,}10) + 185.000 = 184.406{,}25 + 76.237{,}5$$

$$750.000 \bullet ANF(t; 0{,}10) = 75.643{,}75$$

$$ANF(t; 0{,}10) = 0{,}100858$$

Ein Blick in eine finanzmathematische Tabelle zeigt, dass die Nutzungsdauer auf mindestens 50 Jahre ausgedehnt werden müsste.

11 Plankostenrechnung

Aufgabe 11.1: Entwicklung von der Ist- über die Normal- zur Plankostenrechnung

Ist-Kostenrechnung (IKR)

Vorgehensweise
- Erfassung der tatsächlichen Kosten einer vergangenen Periode
- Verrechnung auf die Produkteinheiten
- Bearbeitung einer Vielzahl von Belegen erforderlich
- Daher nur für länger zurückliegende Perioden möglich (Nachkalkulation)

Kritische Würdigung
1. Vergangenheitsbezogen:
   - Für eine Steuerung des Betriebes ungeeignet
   - Allenfalls dokumentarischen Charakter
2. Einflüsse zufälliger Ereignisse wie
   - Preisschwankungen
   - überdurchschnittlicher Ausschuss
   - überdurchschnittlicher Faktoreinsatz

   werden unkritisch und i. d. R. unbemerkt weiterverrechnet.
3. Keine wirksame Kostenkontrolle
   - Es stehen keine Sollvorgaben als Vergleichswerte zur Verfügung
   - Allenfalls Zeit und Branchenvergleiche möglich
4. I. d. R. als Vollkostenrechnung durchgeführt
   (Keine kurzfristigen Preisuntergrenzen u. Deckungsbeiträge ermittelbar.)

Aufgrund der genannten Kritikpunkte wurde die Istkostenrechnung zur Normalkostenrechnung weiterentwickelt.

Normal-Kostenrechnung (NKR)

Vorgehensweise
- Keine Erfassung der tatsächlich angefallenen Kosten
- Verwendung von Normalkosten als Durchschnittskosten der Vergangenheit
  - als statistische Mittelwerte ermittelt
  - als normalisierte Mittelwerte ermittelt (Eliminierung von Ausreißern)
- Daher schnellere Durchführung als die IKR

Kritische Würdigung

1. Vorteile gegenüber der Istkostenrechnung
   - Schnellere Abrechnung
   - Teilweise Ausschaltung von Zufallsschwankungen
2. Keine wirksame Kostenkontrolle
   - Istkosten werden lediglich mit Durchschnittskosten der Vergangenheit verglichen
3. I. d. R. als Vollkostenrechnung durchgeführt
   (Keine kurzfristigen Preisuntergrenzen u. Deckungsbeiträge ermittelbar.)

Da auch die Normalkostenrechnung noch erhebliche Kritikpunkte aufweist, wurde sie zur Plankostenrechnung weiterentwickelt.

Plan-Kostenrechnung (PKR)

Vorgehensweise

- Die Kosten ergeben sich nicht aus der Vergangenheit sondern aus der Zukunftsplanung
- Die Produkt-Einzelkosten werden nach Produktart (Kostenträger) festgelegt
- Die Produkt-Gemeinkosten werden nach Kostenstellen festgelegt.

Kritische Würdigung

1. Wirksame Kostenkontrolle
   - Es kann ein sachgerechter Soll-Ist-Vergleich durchgeführt werden
2. Zur Unternehmenssteuerung geeignet, wenn als Fixkostendeckungsrechnung aufgebaut
   - Bestimmung von kurzfristigen Preisuntergrenzen
   - Bestimmung von Deckungsbeiträgen

Aufgabe 11.2: Entwicklung von der Ist- über die Normal- zur Plankostenrechnung

a)

Statistische Mittelwerte:

Bei Anwendung statistischer Mittelwerte wird das arithmetische Mittel ermittelt, indem die gesamten Ist-Gemeinkosten durch die Gesamtstundenzahl dividiert werden:

$$158.800 \;/\; 1.952 = 81{,}35$$

b)
Normalisierte Mittelwerte:
Bei der Anwendung normalisierter Mittelwert werden die Ausreißer aus der Datenreihe eliminiert. Berechnet man für die einzelnen Monate die Maschinenstundensätze, so erkennt man, dass sie i. a. R. zwischen ca. 72 und 78 € schwanken. Lediglich die Monate April, August und November weichen mit 100 € deutlich von dieser Bandbreite ab. Die Zeitreihe muss demnach um diese Werte bereinigt werden:

109.200 / 1.456 = 75,-

Aufgabe 11.3: Verrechnete Plan-Kosten und Soll-Kosten

Bei der Ermittlung der **verrechneten Plan-Kosten** werden die für die Plan-Beschäftigung ermittelten Plankosten aus die Ist-Beschäftigung heruntergerechnet. Dies geschieht, indem die Plankosten durch die Planbeschäftigung dividiert werden und der so ermittelte Plankostenverrechnungssatz mit der Ist-Beschäftigung multipliziert wird:

$$K_{verr} = \frac{Kp}{Bp} \bullet B_i$$

Bei der Ermittlung der **Soll-Kosten** werden die für die Plan-Beschäftigung ermittelten Plankosten – ähnlich wie bei der Ermittlung der verrechneten Plan-Kosten – auf die Ist-Beschäftigung heruntergerechnet. Im Unterschied zu den verrechneten Plan-Kosten werden jedoch die Fixkosten nicht proportional verrechnet. Vielmehr werden zunächst die fixen (K_{fP}) und die variablen Plan-Kosten (K_{vp}) für die Plan-Beschäftigung ermittelt. Zur Bestimmung der Soll-Kosten wird anschließend die Ist-Beschäftigung mit dem Kostenverrechnungssatz der variablen Plan-Kosten (= variable Plan-Kosten / Plan-Beschäftigung) multipliziert und zu den Fixkosten addiert:

$$K_s = K_{fp} + \frac{K_{vp}}{B_p} \bullet B_i$$

Aufgabe 11.4: Plankostenrechnung

a)
Offensichtlich wurde hier die starre Plankostenrechnung angewandt, bei der die gesamten Plankosten in Höhe 440.000 € durch die Planbeschäftigung in Höhe von 8.800 Stunden dividiert werden, um den Plankostenverrechnungssatz von 50 €/Std. zu ermitteln. Multipliziert man diesen Satz mit der Ist-Beschäftigung von 8.000 Stunden, so ergeben sich verrechnete Kosten von 400.000 €. Da die Ist-Kosten 420.000 € betragen, wird dem Kostenstellenleiter eine Kostenüberschreitung in Höhe von 20.000 € vorgeworfen.

b)
Bei Anwendung der starren Plankostenrechnung werden auch die fixen Kosten proportional zur Beschäftigung verrechnet. Dies führt dazu, dass bei einer Ist-Beschäftigung von Null auch keine Kosten anfallen dürften. Dies ist unrealistisch.

Würden beispielsweise die Fixkosten 220.000 € betragen, so ergäben sich bei Anwendung der flexiblen Plankostenrechnung auf Vollkostenbasis Soll-Kosten in Höhe von:

$$K_s = K_{fp} + \frac{K_{vp}}{B_p} \bullet B_i = K_s = 220.000 + \frac{220.000}{8.800} \bullet 8.000 = 420.000$$

Der Kostenstellenleiter hätte demnach bei diesen unterstellten Fixkosten die Kosten exakt im Plan gehalten.

Aufgabe 11.5: Flexible Plankostenrechnung auf Voll- und Teilkostenbasis

a)
Die grafische Analyse ergibt folgendes Bild:

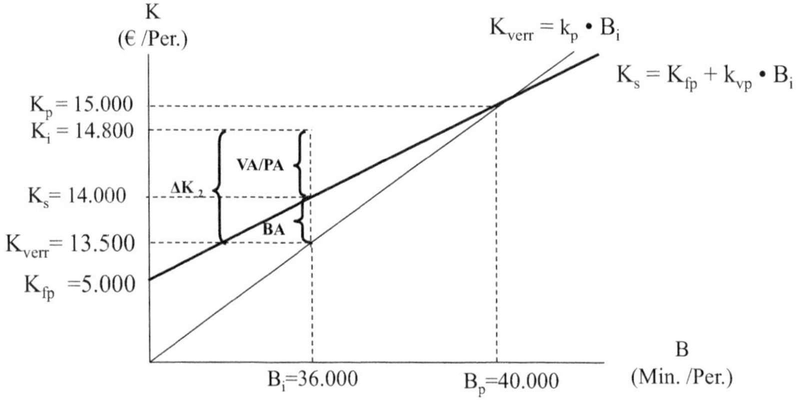

K_{s3} = Soll-Kosten der Soll-Beschäftigung
K_{s1} = Soll-Kosten der Soll-Beschäftigung
K_i = Ist-Kosten bei Ist-Beschäftigung
K_{verr} = Verrechnete Plan-Kosten bei Ist-Beschäftigung
BA = Beschäftigungsabweichung (nicht verr. Fixkosten - auch Kostendifferenz zwischen KSt u. Kostenträger bei 0 Verbrauchsabweichung)

B_p = Plan-Beschäftigung
B_i = Ist-Beschäftigung
K_p = Plan-Kosten bei Planbeschäftigung
ΔK_2 = Gesamtabweichung nach Däumler/Grabe
VA = Verbrauchsabweichung
PA = Preisabweichung

Bei einer Ist-Beschäftigung von 36.000 Minuten wurden € 13.500 von der Kostenstelle auf die Produkte verrechnet. Da die Ist-Kosten € 14.800 betragen verbleiben somit zunächst Kosten i. H. v. ΔK_2 = € 1.300 auf der Kostenstelle stehen. Diesen Betrag bezeichnen Däumler/Grabe als Gesamtabweichung.

Im Zuge einer Abrechnung werden diese Kosten entweder noch gesondert auf die Produkte verrechnet oder über ein Preisdifferenzkonto direkt in die G&V gebucht. Dabei wird der Betrag durch eine separate Rechnung in eine Verbrauchs- und Preisabweichung VA/PA i. H. V. € 800 sowie eine Beschäftigungsabweichung BA i. H. v. € 500 differenziert.

Sofern die Ist-Preise den Plan-Preisen entsprechen existiert keine Preisabweichung, so dass die Abweichung i. H. v. € 800 allein aus einer Verbrauchsabweichung resultiert. Dies ist auf einen hier nicht näher spezifizierbaren Mehrverbrauch von Gemeinkosten-Faktoren wie z. B. Energie oder unechten Gemeinkosten zurückzuführen. Hierfür trägt der Kostenstellenleiter die Verantwortung

Die Beschäftigungsabweichung BA i. H. v. € 500 resultiert aus nicht verrechneten Fixkosten, die aufgrund einer zu geringen Produktionsmenge zunächst in der Kostenstelle verbleiben. Hierfür trägt der Kostenstellenleiter keine Verantwortung, da dies auf externe eine Nachfrageänderung zurückzuführen ist.

b)

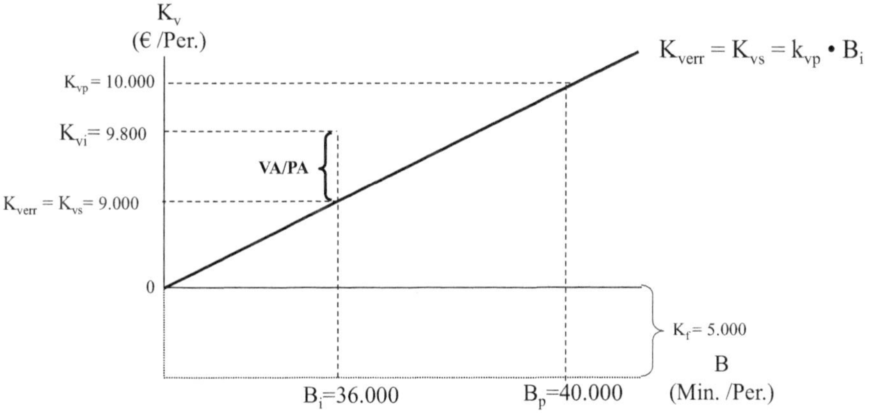

K_{s3}	= Soll-Kosten der Soll-Beschäftigung	B_p	= Plan-Beschäftigung
K_{s1}	= Soll-Kosten der Soll-Beschäftigung	B_i	= Ist-Beschäftigung
K_i	= Ist-Kosten bei Ist-Beschäftigung	VA	= Verbrauchsabweichung
K_{verr}	= Verrechnete Plan-Kosten bei Ist-Beschäftigung	PA	= Preisabweichung

Bei der flexiblen Plankostenrechnung auf Teilkostenbasis werden die Fixkosten nicht berücksichtigt. Dementsprechend ergibt sich die Gesamtabweichung ΔK_2 ausschließlich als Differenz zwischen den variablen Ist-Kosten und den variablen Soll-Kosten. Sie entspricht somit der Summe aus Verbrauchs- und Preisabweichung VA/PA = 800 €.

Aufgabe 11.6: Flexible Plankostenrechnung auf Vollkostenbasis

Der interne Produktionsauftrag wird mit dem Plankostenverrechnungssatz

$$k_{verr} = \frac{25.000 \text{ €}}{1.000 \; Pumpen \bullet 15 \; Minuten / Pumpe} \bullet 60 \; Minuten = 100 \text{ €} / \; Std.$$

auf den jeweiligen Produktionsauftrag verrechnet. Anschließend wird der Auftrag abgerechnet und die gelieferten Pumpen als Bestandserhöhung gebucht. Für die einzelnen Monate ergibt sich somit folgendes Bild:

a) Januar

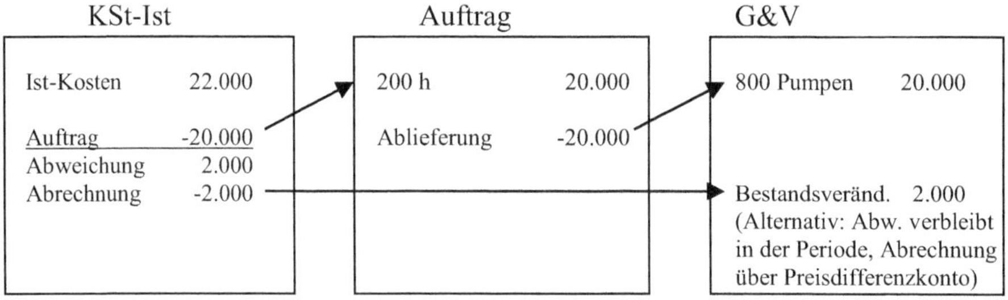

Die Gesamtabweichung in Höhe von € 2.000 lässt sich folgendermaßen in Beschäftigungs- und Verbrauchsabweichung aufteilen:

$$BA = K_s - K_{verr}$$

$$BA = [K_f + k_{vp} \bullet B_i] - [k_p \bullet B_i]$$

$$BA = [10.000 + \frac{15.000}{250} \bullet 200] - [\frac{25.000}{250} \bullet 200] = 2.000$$

Mithin ergibt sich für die Verbrauchsabweichung

$$VA = K_i - K_S$$

$$VA = K_i - [K_f + k_{vp} \bullet B_i]$$

$$VA = 22.000 - [10.000 + \frac{15.000}{250} \bullet 200] = 0$$

b) Februar

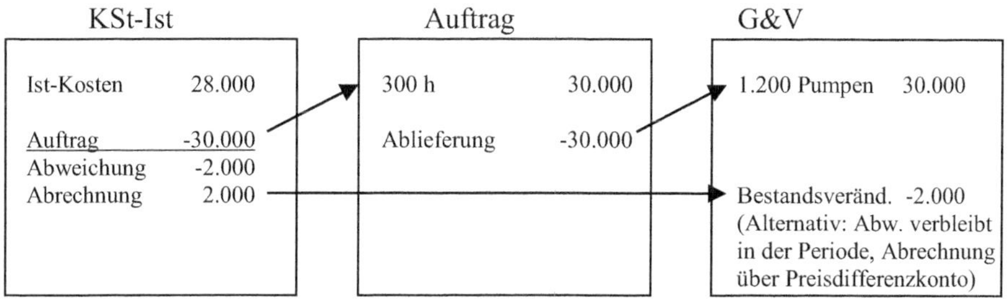

Die Gesamtabweichung in Höhe von € -2.000 lässt sich folgendermaßen in Beschäftigungs- und Verbrauchsabweichung aufteilen:

$$BA = K_s - K_{verr}$$

$$BA = [K_f + k_{vp} \bullet B_i] - [k_p \bullet B_i]$$

$$BA = [10.000 + \frac{15.000}{250} \bullet 300] - [\frac{25.000}{250} \bullet 300] = -2.000$$

Mithin ergibt sich für die Verbrauchsabweichung

$$VA = K_i - K_S$$

$$VA = K_i - [K_f + k_{vp} \bullet B_i]$$

$$VA = 28.000 - [10.000 + \frac{15.000}{250} \bullet 300] = 0$$

c) März

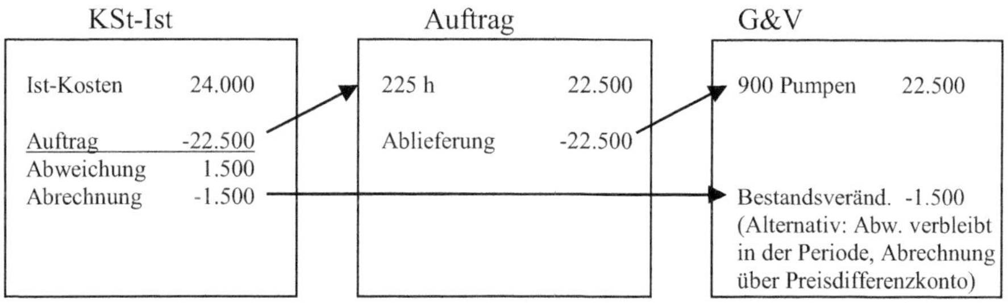

Die Gesamtabweichung in Höhe von € -1.500 lässt sich folgendermaßen in Beschäftigungs- und Verbrauchsabweichung aufteilen:

$$BA = K_s - K_{verr}$$

$$BA = [K_f + k_{vp} \bullet B_i] - [k_p \bullet B_i]$$

$$BA = [10.000 + \frac{15.000}{250} \bullet 225] - [\frac{25.000}{250} \bullet 225] = 1.000$$

Mithin ergibt sich für die Verbrauchsabweichung

$$VA = K_i - K_S$$

$$VA = K_i - [K_f + k_{vp} \bullet B_i]$$

$$VA = 24.000 - [10.000 + \frac{15.000}{250} \bullet 225] = 500$$

Aufgabe 11.7: Kontrolle der Gemeinkosten bei flexibler Planung auf Vollkostenbasis

a)

Bei einer Planbeschäftigung von 60.000 Pumpen ergibt sich:

$$k_p = \frac{53.150}{60.000} = 0,88583$$

$$k_{vp} = \frac{27.600}{60.000} = 0,46$$

Damit ergibt sich:

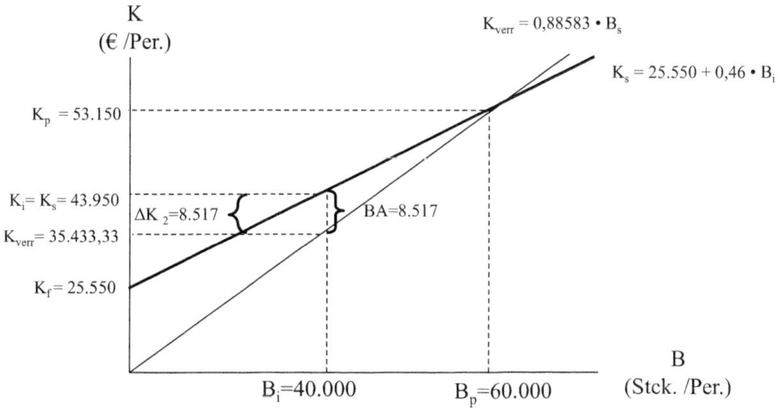

K_{s3} = Soll-Kosten der Soll-Beschäftigung
K_{s1} = Soll-Kosten der Soll-Beschäftigung
K_i = Ist-Kosten bei Ist-Beschäftigung
K_{verr} = Verrechnete Plan-Kosten bei Ist-Beschäftigung
BA = Beschäftigungsabweichung (nicht verr. Fixkosten - auch Kostendifferenz zwischen KSt u. Kostenträger bei 0 Verbrauchsabweichung)

B_p = Plan-Beschäftigung
B_s = Soll-Beschäftigung
K_p = Plan-Kosten bei Planbeschäftigung
ΔK_2 = Gesamtabweichung nach Däumler/Grabe
VA = Verbrauchsabweichung
PA = Preisabweichung

Mathematisch ergibt sich:

$$BA = K_s - K_{verr}$$
$$= 43.950 - 35.433,33$$
$$= 8.516,67$$

$$VA/PA = K_i - K_s$$
$$= 43.950 - 43.950$$
$$= 0$$

$$\Delta K_2 = BA + MA/PA$$
$$= 8.516,67$$

b)

Kostenart	Gesamtkosten	Variable Plan-Kosten	Variable Ist-Kosten	Variable Soll-Kosten	VA/PA
Fertigungslöhne	5.000	3.000	2.500	2.000	500
Hilfslöhne	750	300	200	200	0
Abschreibungen	32.000	24.000	15.400	16.000	-600
Hilfsstoffe	400	300	300	200	100
Sonstiges	15.000	-	-		
Summe	**53.150**	**27.600**	**18.400**	**18.400**	**0**

Man erkennt, dass das Ergebnis aus Aufgabe a in die Irre führen kann. Obwohl insgesamt die Mengen- und Preisabweichung Null beträgt, ergibt sich bei näherer Analyse, dass die Ist-Kosten der Fertigungslöhne und der Hilfsstoffe über den Soll-Kosten liegen. Dies wird jedoch dadurch kompensiert, dass die Ist-Kosten der Abschreibungen unter den Soll-Kosten leigen.

Aufgabe 11.8: Kapazitätsanpassungsprozesse

a)

Bei einer Ausbringungsmenge von 19.200 im Rahmen der Normalleistung von 160 Stunden im Monat ergibt sich für die Intensität der Maschinen:

$$19.200 = 4 \times 160 \times I$$
$$I = 19.200 \;/\; 640 = 30$$

Damit ergeben sich für den Stromverbrauch:

$$v_i = 50 + 0{,}05 \times 30^2 - 2 \times 30$$
$$v_i = 35 \text{ (kWh)}$$

Somit ergeben sich für die Stromkosten pro Stunde in Höhe von 3,5 €.

Somit ergeben sich folgende variablen Kosten bei Normalleistung:

Rohstoffkosten			19.200	x	5,-	= 96.000
Akkordlöhne			19.200	x	1,-	= 19.200
Stromkosten	4	x	160	x	3,50	= 2.240
Variable Gesamtkosten						= 117.440
Fixkosten						+ 50.000
Gesamtkosten						= 167.440

Damit ergibt sich folgende Kostenfunktion bei Normalleistung:

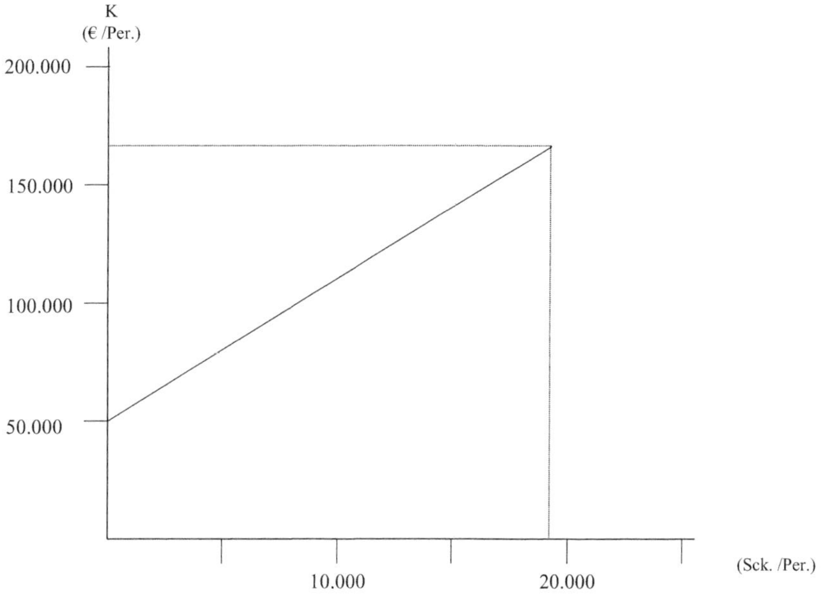

b)

Da eine zeitliche Anpassung erfolgen soll, bleibt die Intensität der Maschinen und somit auch die Stromkosten von € 3,50 pro Stunde unverändert. Es fallen jedoch nunmehr insgesamt Überstunden in folgender Höhe an:

$$\ddot{U} = \left[\left(\frac{24.000}{30} \right) - \left(4 \bullet 160 \right) \right] = 160$$

Während dieser Überstunden werden 4.800 Stück produziert, für die ein Überstundenzuschlag von 25 % anfällt.

Somit ergeben sich folgende variablen Kosten bei Normalleistung:

Rohstoffkosten			24.000	x	5,-	= 120.000
Akkordlöhne			24.000	x	1,-	= 24.000
Überstundenzuschlag			4.800	x	0,25	= 1.200
Stromkosten	4	x	200	x	3,50	= 2.800
Variable Gesamtkosten						= 148.000
Fixkosten						+ 50.000
Gesamtkosten						= 198.000

Damit ergibt sich folgende Kostenfunktion bei zeitlicher Anpassung:

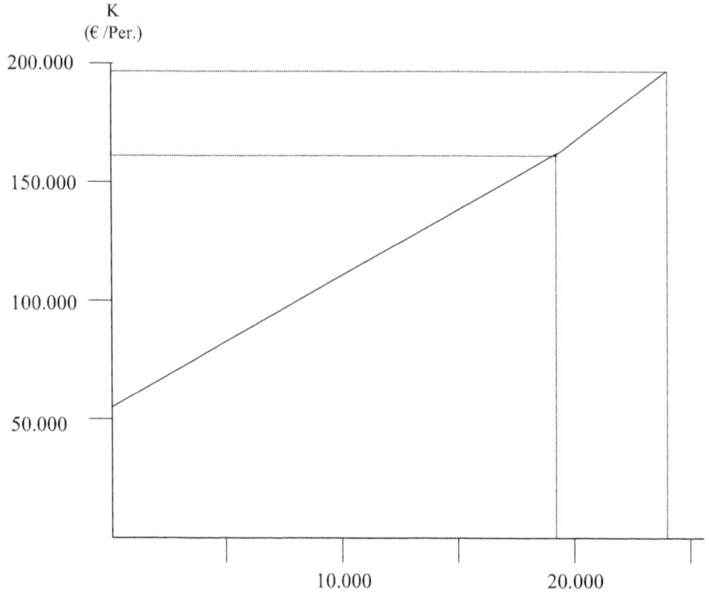

c)

Da eine intensitätsmäßige Anpassung erfolgen soll, ergibt sich für die neue Intensität:

$$24.000 = 4 \times 160 \times I$$
$$I = 24.000 / 640 = 37{,}5$$

Damit ergibt sich für den Stromverbrauch:

$$v_i = 50 + 0{,}05 \times 37{,}5^2 - 2 \times 37{,}5$$
$$v_i = 45{,}3125 \text{ (kWh)}$$

Somit ergeben sich für die Stromkosten pro Stunde in Höhe von 4,53125 €.

Somit ergeben sich folgende variablen Kosten bei Normalleistung:

Rohstoffkosten			24.000	x	5,-		=120.000
Akkordlöhne			24.000	x	1,-		=24.000
Stromkosten	4	x	160	x	4,53125	=	2.900
Variable Gesamtkosten							=146.900
Fixkosten							+50.000
Gesamtkosten							=196.900

Damit ergibt sich folgende Kostenfunktion bei intensitätsmäßiger Anpassung:

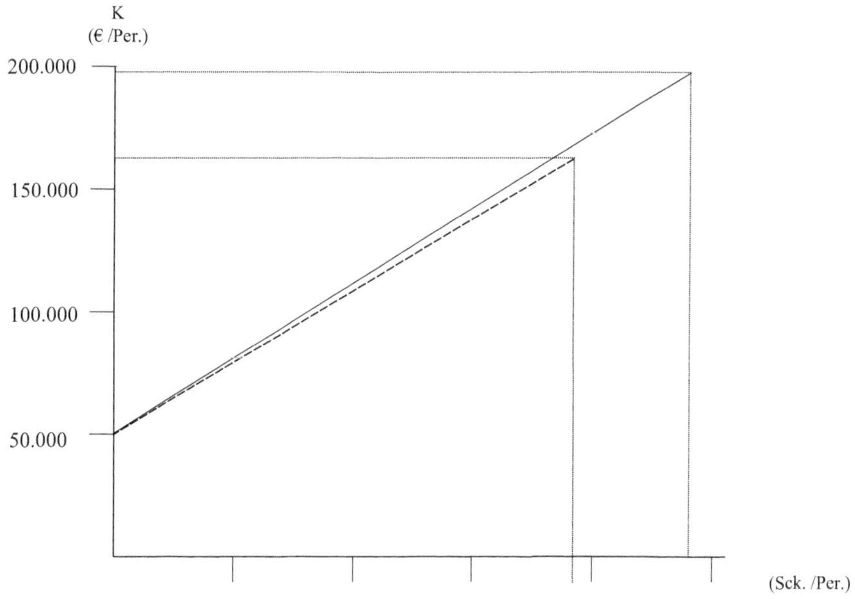

d)

Da eine quantitative Anpassung erfolgen soll, verändern sich gegenüber der Ausgangslage nur die Fixkosten. Die neue Maschine verfügt bei der bisherigen Intensität von 30 Stück/Std. in der normalen Arbeitszeit exakt über die Kapazität, um die Mehrproduktion zu bewältigen. Die übrigen Werte bleiben unverändert:

Somit ergeben sich folgende variablen Kosten bei einer Ausbringungsmenge von 24.000:

Rohstoffkosten			24.000	x	5,-	= 120.000
Akkordlöhne			24.000	x	1,-	= 24.000
Stromkosten	5	x	160	x	3,50	= 2.800
Variable Gesamtkosten						= 146.800
Fixkosten						+ 60.000
Gesamtkosten						= 206.800

Damit ergibt sich folgende Kostenfunktion bei quantitativer Anpassung (vor Kauf der Maschine):

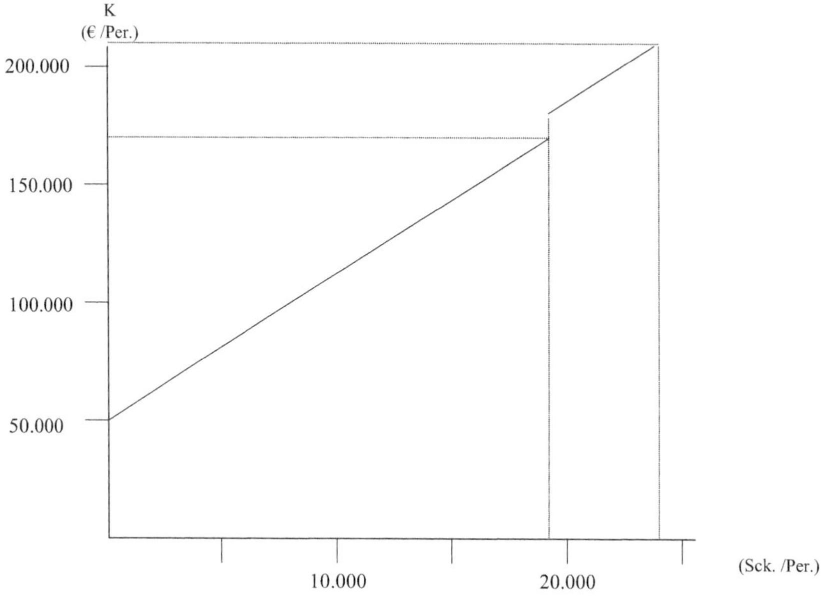

nach Kauf der Maschine ergibt sich:

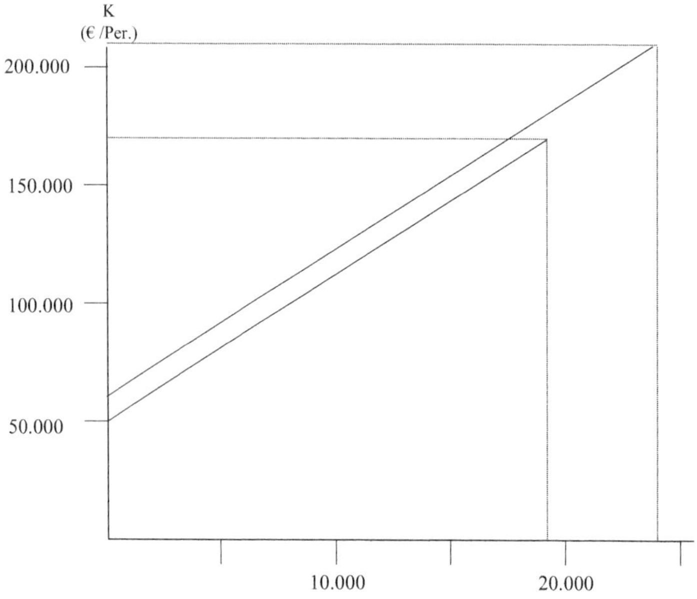

Aufgabe 11.9: Reagibilitätsgrad

a)
Für den Reagibilitäsgrad ergibt sich:

$$\frac{\frac{\Delta K}{K}}{\frac{\Delta B}{B}} = \frac{\frac{12.000}{50.000}}{\frac{500}{2.500}} = \frac{0{,}24}{0{,}2} = 1{,}2$$

Es handelt sich mithin um überproportionale Kosten

b)
Für den Reagibilitäsgrad ergibt sich:

$$\frac{\frac{\Delta K}{K}}{\frac{\Delta B}{B}} = \frac{\frac{0}{50.000}}{\frac{250}{2.500}} = \frac{0}{0{,}1} = 0$$

Es handelt sich mithin um ***Fixkosten***

c)
Für den Reagibilitäsgrad ergibt sich:

$$\frac{\frac{\Delta K}{K}}{\frac{\Delta B}{B}} = \frac{\frac{4.000}{50.000}}{\frac{500}{2.500}} = \frac{0{,}08}{0{,}2} = 0{,}40$$

Hieraus lässt sich darauf schließen, dass 40 % der Kosten variabel und 60 % der Kosten fix sind. Es ergäbe sich somit folgendes Bild:

Periode	Beschäftigung (LE/Per)	Fixkosten (€/Per)	Variable Kosten (€/Per)	Kosten (€/Per)
1	2.500	30.000	20.000	50.000
2	3.000	30.000	24.000	54.000

Pro Leistungseinheit fallen somit variable Kosten in Höhe von $k_v = 8$ an.

d)

Für den Reagibilitäsgrad ergibt sich:

$$\frac{\frac{\Delta K}{K}}{\frac{\Delta B}{B}} = \frac{\frac{4.000}{58.000}}{\frac{500}{3.500}} = \frac{0,0069}{0,14299} = 0,4826$$

Hieraus lässt sich sehr grob darauf schließen, dass 48,26 % der Kosten variabel und 51,74 % der Kosten fix sind. Es ergäbe sich somit folgendes Bild:

Periode	Beschäftigung (LE/Per)	Fixkosten (€/Per)	Variable Kosten (€/Per)	Kosten (€/Per)
1	3.500	30.000	28.000	58.000
2	4.000	30.000	32.000	62.000

Pro Leistungseinheit fallen somit variable Kosten in Höhe von $k_v = 8$ an. Mithin erzielt man das gleiche Ergebnis wie in Frage c, obwohl wir unterschiedliche Reagibilitätsgrade haben. Dies ist darauf zurückzuführen, dass der Reagibilitätsgrad nur für einen kleinen Bereich gilt.

e)

Für den Reagibilitäsgrad ergibt sich in Frage a:

$$\frac{\frac{\Delta K}{K}}{\frac{\Delta B}{B}} = \frac{\frac{12.000}{50.000}}{\frac{500}{2.500}} = \frac{0,24}{0,2} = 1,2$$

Hier ist eine Aufteilung in fixe und variable kosten nicht möglich, da die variablen Kosten nicht 120 % der Gesamtkosten betragen können.

Aufgabe 11.10: Kostenauflösungsverfahren

a)

Es ergeben sich folgende Durchschnittswerte:

Monat	Ausbringungsmenge (Stück/Monat)	Energiekosten (€/Monat)
Durchschnitt	4.083,33	1.366,67

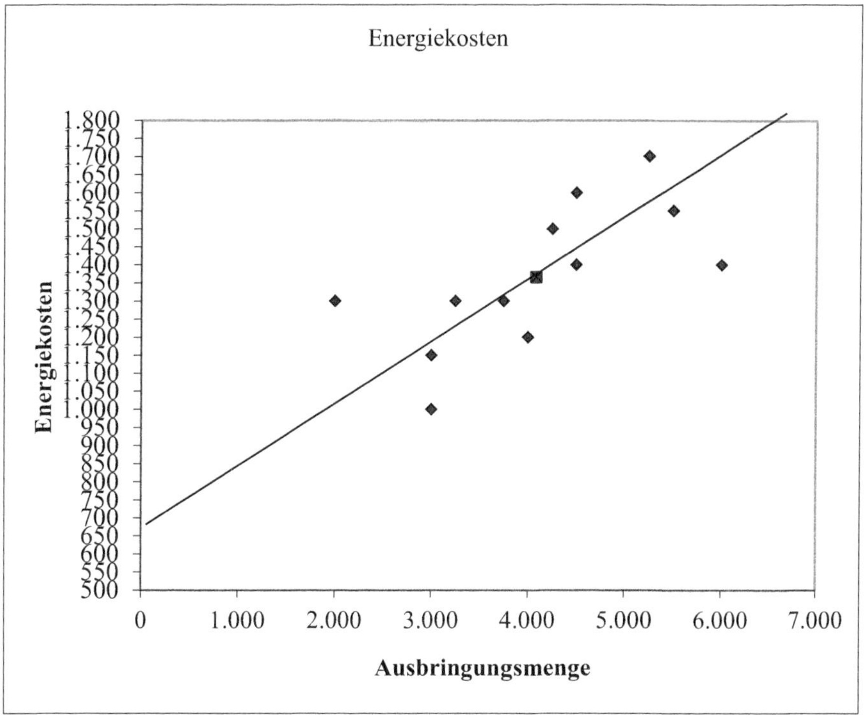

Da es sich um eine Freihandzeichnung handelt, kann man die Fixkosten nur grob abschätzen. Hier sei unterstellt, dass sie 660 € betragen. Damit ergib sich für die variablen Stückkosten:

$$k_{vp} = \frac{K - K_f}{b} = \frac{1.366,67 - 660}{4.083,33} = 0,17306$$

Somit lautet die Sollkostenfunktion:

$$K_s = 660 + 0,17306B$$

b)

Beim Differenz-Quotientenverfahren werden zunächst zwei repräsentative Werte ausgewählt. In diesem Fall seien das die Werte für April und August. Für die variablen Kosten ergibt sich dann:

$$k_{vp} = \frac{K_2 - K_1}{B_2 - B_1} = \frac{1.550 - 1.150}{5.500 - 3.000} = 0{,}16$$

Die Fixkosten lassen sich dann wie folgt berechnen:

$$K_{fp} = K_2 - k_{vp} \bullet B_2$$

$$= 1.550 - 0{,}16 \bullet 5.500$$

$$= 670$$

Somit ergibt sich für die Sollkostenfunktion:

$$K_s = 670 + 0{,}16B$$

c)

Zunächst werden die Daten so geordnet, dass die Ausbringungsmengen in aufsteigender Reihenfolge erscheinen:

Monat	Ausbringungsmenge (Stück/Monat)	Energiekosten (€/Monat)
Mai	2.000	1.300
Januar	3.000	1.000
April	3.000	1.150
Februar	3.250	1.300
September	3.750	1.300
März	4.000	1.200
Juni	4.250	1.500
Juli	4.500	1.400
Oktober	4.500	1.600
November	5.250	1.700
August	5.500	1.550
Dezember	6.000	1.400

Die Daten werden nun in zwei Hälften geteilt, für die man jeweils getrennt den Durchschnitt der Ausbringungsmenge und die Energiekosten berechnet:

Monat	Ausbringungsmenge (Stück/Monat)	Energiekosten (€/Monat)
Mai	2.000	1.300
Januar	3.000	1.000
April	3.000	1.150
Februar	3.250	1.300
September	3.750	1.300
März	4.000	1.200
Durchschnitt	3.166,67	1.208,33
Juni	4.250	1.500
Juli	4.500	1.400
Oktober	4.500	1.600
November	5.250	1.700
August	5.500	1.550
Dezember	6.000	1.400
Durchschnitt	5.000,00	1.525,00

Zeichnet man die beiden Durchschnittspaare in ein Diagramm ein, so ergibt sich:

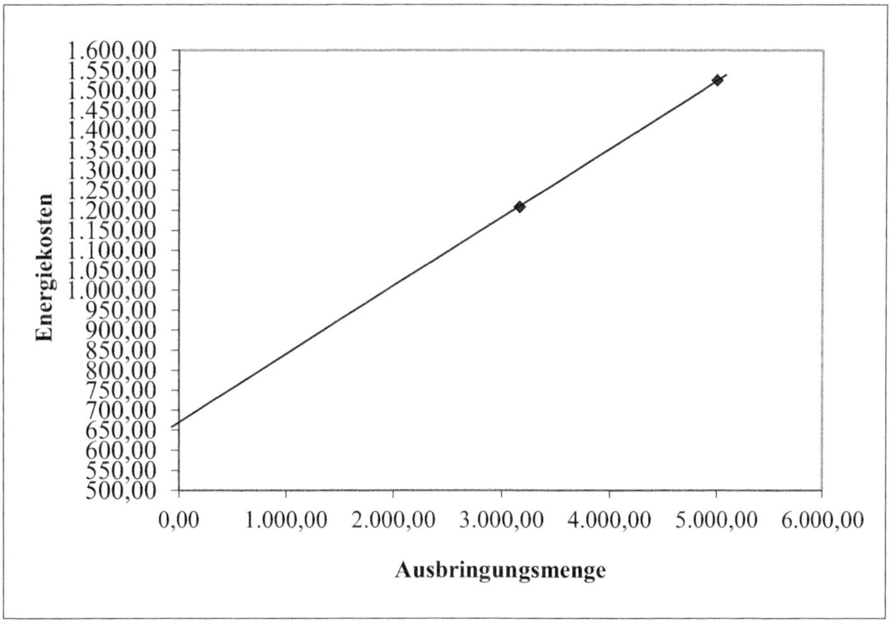

Unter Heranziehung der Durchschnittswerte lassen sich nun die zu planenden variablen Stückkosten berechnen:

$$k_{vp} = \frac{K_{D2} - K_{D1}}{B_{D2} - B_{D1}} = \frac{1.525 - 1.208,33}{5.000 - 3.166,67} = 0,17272$$

Die Fixkosten lassen sich dann wie folgt berechnen:

$$K_{fp} = K_2 - k_{vp} \bullet B_2$$

$$K_{fp} = 1.525 - 0{,}17272 \bullet 5.000 = 661{,}36$$

Somit ergibt sich für die Sollkostenfunktion:

$$K_s = 661{,}36 + 0{,}17272B$$

d)

Greift man auf die Ausgangswerte zurück, kann man die einzelnen Werte wie folgt berechnen:

Monat	Ausbringungsmenge (Stück/Monat)	Energiekosten (€/Monat)	B_i^2	B_iK_i
Januar	3.000	1.000	9.000.000	3.000.000
Februar	3.250	1.300	10.562.500	4.225.000
März	4.000	1.200	16.000.000	4.800.000
April	3.000	1.150	9.000.000	3.450.000
Mai	2.000	1.300	4.000.000	2.600.000
Juni	4.250	1.500	18.062.500	6.375.000
Juli	4.500	1.400	20.250.000	6.300.000
August	5.500	1.550	30.250.000	8.525.000
September	3.750	1.300	14.062.500	4.875.000
Oktober	4.500	1.600	20.250.000	7.200.000
November	5.250	1.700	27.562.500	8.925.000
Dezember	6.000	1.400	36.000.000	8.400.000
	49.000 $\sum_{i=1}^{n} B_i$	16.400 $\sum_{i=1}^{n} K_i$	215.000.000 $\sum_{i=1}^{n} B_i^2$	68.675.000 $\sum_{i=1}^{n} B_iK_i$

Bei der Methode der kleinsten Quadrate ergibt sich für a der Sollkostenfunktion:

Somit ergibt sich: $$a = \frac{\sum_{i=1}^{n} B_i^2 \sum_{i=1}^{n} K_i - \sum_{i=1}^{n} B_iK_i \bullet \sum_{i=1}^{n} B_i}{n\sum_{i=1}^{n} B_i^2 - (\sum_{i=1}^{n} B_i)^2}$$

$$a = \frac{215.000.000 \bullet 16.400 - 68.675.000 \bullet 49.000}{12 \bullet 215.000.000 - 49.000^2} = 899{,}02$$

Für b ergibt sich:

$$b = \frac{n\sum_{i=1}^{n} B_i K_i - \sum_{i=1}^{n} B_i \bullet \sum_{i=1}^{n} K_i}{n\sum_{i=1}^{n} B_i^2 - (\sum_{i=1}^{n} B_i)^2}$$

Somit ergibt sich:

$$b = \frac{12 \bullet 68.675.000 - 49.000 \bullet 16.400}{12 \bullet 215.000000 - 49.000^2} = 0{,}11453$$

Für die Sollkostenfunktion ergibt sich demnach:

$$K_s = 899{,}02 + 0{,}11453B$$

Grafisch lässt sich diese Funktion wie folgt verdeutlichen:

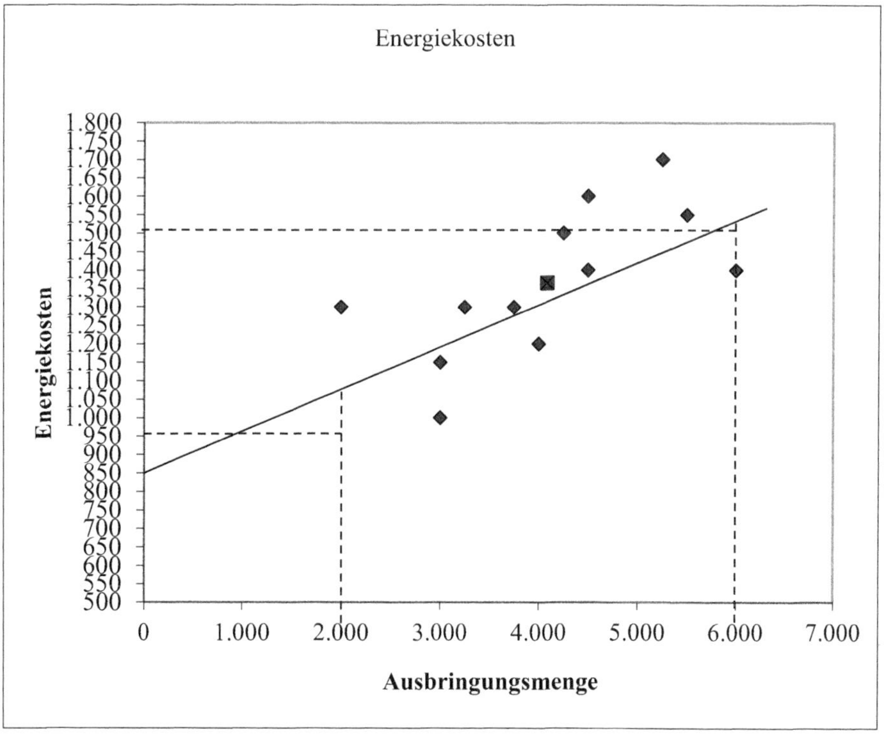

Übungsklausuren

Klausur Nr. 1: Aufgabenstellung[1]

Matrikel-Nr.: ____________

Aufgabe 1: Einzahlungen / Auszahlungen, Einnahmen / Ausgaben, Erträge / Aufwendungen, Erlöse / Kosten **20 P**

a) Die Tuler-AG verzeichnet im Februar folgende Geschäftsvorfälle: **(10 P)**

1) Der nicht versicherte Firmenwagen der Vorstandsvorsitzenden wird gestohlen. Das Fahrzeug wurde vor drei Jahren für € 65.000 angeschafft. Der Zeitwert beträgt € 40.000, der Buchwert € 26.000.
2) Für den Firmenwagen wird ein Ersatzfahrzeug für € 78.000 angeschafft. Der Kaufpreis wird vom Girokonto überwiesen. Das Fahrzeug soll 4 Jahre genutzt werden. Die steuerrechtlich absetzbare Nutzungsdauer beträgt 5 Jahre. Das Fahrzeug wird monatsgenau abgeschrieben.
3) Barverkauf des Produktes A für € 50.000,- aus dem Lagerbestand. Der verkaufte Lagerbestand wurde bisher mit € 75.000 bewertet.
4) Verkauf eines nicht mehr benötigten Grundstücks zum Buchwert von € 500.000. Die Zahlung soll in sechs Monaten erfolgen.
5) Produktion des Beruhigungsmittels B für € 75.000 auf Lager.

Tragen Sie in die unten stehende Tabelle ein, in welcher Höhe diese Vorgänge im Februar mit Einzahlungen/Auszahlungen, Einnahmen/Ausgaben, Erträgen/Aufwendungen oder Erlösen (bzw. Leistungen)/Kosten verbunden sind!

	1	2	3	4	5
Einzahlung					
Auszahlung					
Einnahme					
Ausgabe					
Ertrag					
Aufwand					
Erlöse/Leistungen					
Kosten					

1 Zur realistischen Klausurvorbereitung findet sich ein Exemplar zum Ausdrucken unter: https:// www.h-ab.de/fileadmin/dokumente/fbwr/rittich/KLR/Uebungsklausur_01_A.pdf

Matrikel-Nr.: ____________________

b) Petra S. hat sich vor 5 Jahren in Hochschulnähe ein kleines Büro eingerichtet und betreibt den Druck und Verkauf von Vorlesungsskripten. Zu Beginn des Jahres 2008 müsste ihr Geschäft renoviert werden, wofür sie € 10.000 veranschlagt. Könnte Sie die Renovierung ohne Kreditaufnahme aus dem laufenden Geschäft des Jahres 2007 bezahlen, wenn sie für 2007 die unten stehenden Geschäftsvorfälle verzeichnet? Begründen Sie Ihre Aussage und erläutern Sie kurz, welche Größen hierfür betrachtet werden müssen! **(5 P)**

	1	2	3	4	5
Einzahlung	85.000				
Auszahlung		60.000	6.000	15.000	
Einnahme	90.000				
Ausgabe		60.000	6.000		
Ertrag	90.000				
Aufwand		60.000	6.000		
Leistung/Erlöse	90.000				
Kosten		60.000	500	15.000	5.000

c) Unterstellen Sie nunmehr, dass die Renovierung finanziell auf jeden Fall durch Ersparnisse gesichert ist. Wie die Erfahrung zeigt, muss offensichtlich alle 5 Jahre in dieser Größenordnung renoviert werden. Unterstellen Sie weiterhin die unter b) angegebenen Werte. Lohnt sich für Petra S. vor diesem Hintergrund die Fortführung des Geschäftes? Begründen Sie Ihre Aussage kurz und erläutern Sie, welche Größen hierfür betrachtet werden müssen und welche Werte diese Annehmen! **(5 P)**

Matrikel-Nr.: ____________

Aufgabe 2: Kalkulatorische Kapitalkosten **20 P**

Die Rüber AG stellt Ihnen folgende Informationen per 31.12.2001 zur Verfügung (Angaben in T€):

Aktiva		Passiva	
I Anlagevermögen		I Eigenkapital	
1 Grundstücke	1.000	1 Gezeichnetes Kapital	2.000
2 Gebäude	3.000	2 Rücklagen	1.350
3 Maschinen	1.000		
4 Betriebsausstattung	10	II Fremdkapital	
		1 Pensionsrückstellungen	500
II Umlaufvermögen		2 Sonstige Rückstellungen (≤ 1 Jahr)	10
		3 Sonstige Rückstellungen (> 1 Jahr)	40
1 Vorräte	80	4 Langfristige Bankverbindlichkeiten	750
2 Forderungen	100	5 Kundenanzahlungen	45
3 Zahlungsmittel	10	6 Verbindlichkeiten aus Lieferungen und Leistungen	505
	5.200		5.200

Anlagevermögen

20 % der Grundstücke werden betriebsfremd genutzt. Der Wiederbeschaffungswert der Grundstücke beträgt T€ 1.500.

Die Gebäude haben eine Nutzungsdauer von 50 Jahren, von denen bereits 20 Jahre abgeschrieben wurden. Der Wiederbeschaffungswert beträgt T€ 5.000.

Die Nutzungsdauer der Maschinen beträgt 10 Jahre, wovon je nach Maschine zwischen 1 und 5 Jahren abgeschrieben worden sind. Der aktuelle Wiederbeschaffungswert beträgt T€ 2.000.

Der Anschaffungswert der Betriebsausstattung beträgt T€ 15, der Wiederbeschaffungswert T€ 18 und der Veräußerungswert TE 3.

Umlaufvermögen

Der Bestand an Vorräten betrug zum 31.12.2000 T€ 50.

Der Forderungsbestand entspricht dem Durchschnittsbestand. Von den Forderungen wurden bereits T€ 30 abgeschrieben, so dass sich der ausgewiesene Bestand nach Abschreibung ergibt. Nach realistischer Einschätzung wird jedoch lediglich von einem Ausfall in Höhe von T€ 10 ausgegangen.

Der Zahlungsmittelbestand entspricht der betriebsnotwendigen Barreserve. Es ist der Durchschnittsbestand angegeben.

Fremdkapital

Die Pensionsrückstellungen sind mit dem gesetzlich vorgeschriebenen Zinssatz zu verzinsen.

Die langfristigen Bankverbindlichkeiten werden mit 9,8 % verzinst.

Für die Kundenanzahlungen fällt keine Verzinsung an.

Bei den Verbindlichkeiten aus Lieferungen und Leistungen wurde auf den Skontoabzug verzichtet.

a) Berechnen Sie das betriebsnotwendige Vermögen nach der Durchschnittswertmethode auf Basis der Wiederbeschaffungspreise und geben Sie an, wie hoch das betriebsnotwendige Kapital ohne Abzug von Abzugskapital ist! **(10 P)**

Matrikel-Nr.: ____________

b) Wie hoch ist das hieraus abgeleitete betriebsnotwendige Kapital bei Berücksichtigung von Abzugskapital? **(5 P)**

Das betriebsnotwendige Kapital unter Berücksichtigung von Abzugskapital entspricht dem betriebsnotwendigen Vermögen abzüglich nicht verzinslicher Verbindlichkeiten. Somit ergibt sich

c) Bestimmen Sie den Gesamtkapitalkostensatz wacc bei einem Kalkulationszins von 15 % für die Eigenkapitalgeber sowie durchschnittlich 8 % für das Fremdkapital. Gehen Sie hierbei davon aus, dass der Marktwert des Fremdkapitals dem Buchwert entspricht und der Marktwert des Eigenkapitals T€ 3.350 beträgt! Eine Bestimmung der Gesamtkapitalkosten ist nicht erforderlich! **(5 P)**

Matrikel-Nr.: ____________

Aufgabe 3: Kostenträgerrechnung **20 P**

In einem Betrieb werden ausschließlich die Fensterrahmen A und B hergestellt. Hierbei durchlaufen sie einen zweistufigen Herstellungsprozess, bei dem in der Fertigungskostenstelle 1 zunächst alle Rohformen auf einer Spritzgussmaschine gefertigt und anschließend in Fertigungskostenstelle 2 die Rohformen manuell zu absatzfähigen Rahmen verarbeitet werden. Hierbei fallen folgende Kosten an:

	KSt 1	KSt 2
Fertigungsgemeinkosten	4.050	3.640

In der Planperiode werden 200 Fensterrahmen A und 300 Fensterrahmen B hergestellt und auch alle abgesetzt.
An Materialeinzelkosten fallen an: € 73 je Fensterrahmen für A und € 96 je Fensterrahmen für B. Die Materialgemeinkosten betragen € 10.850.
An Fertigungseinzelkosten fallen an: € 20 je Fensterrahmen für A und € 28 je Fensterrahmen für B.
Für die Verwaltungs- und Vertriebskosten wird zusammen ein Zuschlagssatz von 15 % auf die Herstellkosten angesetzt.
Die Fertigungskostenstellen werden von den Fensterrahmen wie folgt beansprucht:

	KSt 1 (Min./Rahmen)	KSt 2 (Min./Rahmen)
Fensterrahmen A	45	70
Fensterrahmen B	60	105

Bestimmen die Herstell- sowie die Selbstkosten je Fensterrahmen (pro Stück) auf Vollkostenbasis unter Anwendung der Zuschlagskalkulation für den Material-, Verwaltungs- und Vertriebsbereich. Verrechnen Sie die Gemeinkosten des Fertigungsbereichs jedoch auf Basis der zeitlichen Inanspruchnahme auf Basis der Produktionszeiten!

Matrikel-Nr.: ____________

Aufgabe 4: Programmoptimierung bei mehreren Engpässen **20 P**

Die Schmidt AG stellt auf 3 Maschinen das Produkt (A) sowie das Produkt (B) her. Folgende Informationen sind bekannt:

Produkt	Mindestmenge (kg)	Höchstmenge (kg)
A	250	3.500
B	750	1.500

Produkt	p (€/kg)	k_v (€/kg)	k_f (€/kg)
A	150	120	10
B	120	60	5

Maschine	Kapazität (Min.)	Produktionszeit für A Min./kg	Produktionszeit für B Min./kg
Maschine 1	10.000	2	4
Maschine 2	12.000	6	3
Maschine 3	5.000	2	2

Bestimmen Sie graphisch und rechnerisch (auf der Zeichnung basierend – nicht mit Hilfe eines exakten Verfahrens) das gewinnoptimale Produktionsprogramm! Beschriften Sie Ihre Zeichnung exakt

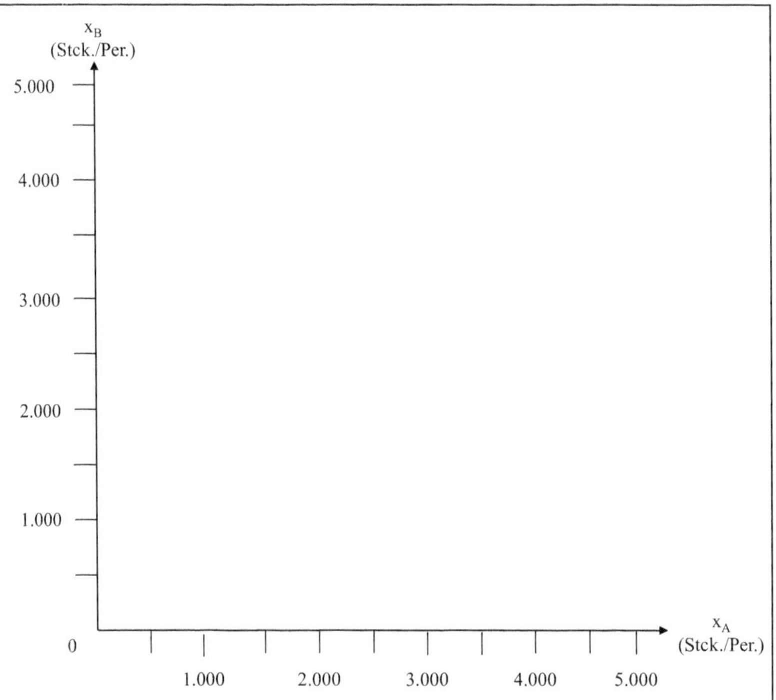

Matrikel-Nr.: ____________________

x_A = 1.000 x_B = 1.500

Matrikel-Nr.: ______________

Aufgabe 5: Plankostenrechnung: Kontrolle der Gemeinkosten bei flexibler Planung **20 P**

Die Harmonie AG hat in der Kostenstelle Fertigung für ein Produkt eine Plan-Beschäftigung von 40.000 Packungen angesetzt, während die Ist-Beschäftigung 60.000 Packungen betrug. Die geplanten Gemeinkosten belaufen sich auf 52.000 €. Davon sind 28.000 € variabel und 24.000 € fix. Die variablen Ist-Kosten belaufen sich auf 60.000 €, während die fixen Ist-Kosten dem Planwert entsprechen.

a) Ermitteln Sie den Plankostenverrechnungssatz k_p und den variablen Plankostenverrechnungssatz k_{vp} auf Basis der flexiblen Plankostenrechnung auf Vollkostenbasis! Zeichnen Sie die Sollkosten- sowie die Plankostenlinie in ein Koordinatensystem und bestimmen Sie grafisch und mathematisch die Verbrauchs-, die Beschäftigungs- und die Gesamtabweichung nach Däumler/Grabe! **(12 P)**

Matrikel-Nr.: ____________________

b) Erläutern Sie, für welche Abweichungsbeträge der Kostenstellenleiter verantwortlich ist und für welche nicht! Begründen Sie Ihre Aussage, interpretieren Sie die Abweichungen ökonomisch! **(8 P)**

Klausur Nr. 2: Aufgabenstellung[2]

Matrikel-Nr.: ____________

Aufgabe 1: Einzahlungen/Auszahlungen, Einnahmen/Ausgaben, Erträge/Aufwendungen, Erlöse/Kosten **20 P**

a) Susanne H. ist alleinige Gesellschafter-Geschäftsführerin der Firma „Arvengarde Architektur GmbH". Im Januar des laufenden Jahres wurden folgende Geschäftsvorfälle verzeichnet: **(10 P)**

1) Susanne H. hat das Stammkapital der GmbH um € 50.000 erhöht und den Betrag von ihrem Privatkonto auf das Firmenkonto überwiesen.
2) Für € 48.000 hat sie sich einen neuen Firmenwagen gekauft. Der Wagen wurde bar bezahlt. Sie rechnet mit einer Nutzungsdauer von 4 Jahren, während das Finanzamt 5 Jahre unterstellt.
3) Der alte – auf € 8.000 abgeschriebene – Firmenwagen wird für € 5.000 verkauft. Die Zahlung soll im Februar erfolgen.
4) Für ihre Büromiete fallen im Quartal € 12.000 an, die per Dauerauftrag jeweils am 1. des Quartals überwiesen werden.
5) Für Ihre Geschäftsführung gesteht sie sich ein Bruttomonatsgehhalt von € 10.000 zu. Zum 31.1. werden ihr netto € 5.600 auf ihr privates Girokonto überwiesen. Die Steuern in Höhe von € 3.250 sowie die Sozialabgaben in Höhe von € 2.300 werden gleichzeitig an die entsprechenden Stellen überwiesen.

Tragen Sie in die unten stehende Tabelle ein, in welcher Höhe diese Vorgänge im Januar mit Einzahlungen/Auszahlungen, Einnahmen/Ausgaben oder Erträgen/Aufwendungen verbunden sind!

	1	2	3	4	5
Einzahlung					
Auszahlung					
Einnahme					
Ausgabe					
Ertrag					
Aufwand					
Erlöse/Leistungen					
Kosten					

b) In welcher Höhe müsste die „Avantgarde Architektur GmbH" im Januar einen Kredit in Anspruch nehmen, falls keine Liquiditätsreserven existieren würden? **(5 P)**

2 Zur realistischen Klausurvorbereitung findet sich ein Exemplar zum Ausdrucken unter: https:// www.h-ab.de/fileadmin/dokumente/fbwr/rittich/KLR/Uebungsklausur_02_A.pdf

Matrikel-Nr.: ______________

c) Worauf ist es zurückzuführen, wenn für den gleichen Vorgang Kosten in anderer Höhe als im Aufwand gebucht werden? Geben Sie hierfür ein Beispiel! **(5 P)**

Matrikel-Nr.: ____________

Aufgabe 2: Preisbestimmung für den Materialeinsatz **20 P**

Die Schmidt AG verzeichnet für ihr Lager an Kunststoffgranulat folgende Werte:

Datum	Vorgang	Menge (kg)	Preis (€/kg)
02.01.	Anfangsbestand	1.000	1
10.01.	Zugang	2.000	1,3
18. Jan	Zugang	2.000	1,35
23. Jan	Zugang	1.000	1,6

Datum	Vorgang	Menge (kg)
11.01.	Entnahme	2.000
19.01.	Entnahme	1.000

a) Auf Rat einer Unternehmensberatung soll bei der Bewertung die Fortschreibungsmethode angewandt werden. Mit welchem Preis pro kg werden die Lagerentnahmen bewertet! Wie hoch ist der Gesamtwert des Endbestandes am 31.01? Füllen Sie zur Berechnung die nachstehende Tabelle aus; beschriften Sie die Spalten exakt! **(15 P)**

Datum	Vorgang	Menge (kg)	Preis (€/kg)	Wert

Die Entnahme am 11.1. wird mit folgendem Preis pro kg bewertet: ______ €/kg

Die Entnahme am 19.1. wird mit folgendem Preis pro kg bewertet: ______ €/kg

Der Gesamtwert des Endbestandes beträgt: ______ €

b) Wie hoch wären die folgenden Werte, wenn statt des gleitenden Durchschnitts der Fortschreibungsmethode der gewogene Durchschnitts verwendet würde? **(5 P)**

Die Entnahme am 11.1. wird mit folgendem Preis pro kg bewertet: ______ €/kg

Die Entnahme am 19.1. wird mit folgendem Preis pro kg bewertet: ______ €/kg

Der Gesamtwert des Endbestandes beträgt: ______ €

Matrikel-Nr.: ____________

Aufgabe 3: Kostenstellenrechnung **20 P**

Die Siebert AG verfügt über die Hilfskostenstellen Kantine (KSt 1) und Reparaturwerkstatt (KSt 2), die neben ihren Leistungen an die Endkostenstellen KSt 3 und KSt 4 auch gegenseitig Leistungen austauschen. Die entsprechenden Leistungsverflechtungen sowie die für die einzelnen Kostenstellen ermittelten Kosten vor Verrechnung ergeben sich wie folgt:

Primäre Gemeinkosten (In €)		Abgegebene Leistung der Kantine an (In Zahl der Essen)		Abgegebene Leistung der Reparaturwerkstatt an (In Std.)	
KSt 1	6.336			KSt 1	30
KSt 2	50.000	KSt 2	66		
KSt 3	150.000	KSt 3	176	KSt 3	700
KSt 4	120.000	KSt 4	110	KSt 4	270

a) Führen Sie die innerbetriebliche Leistungsverrechnung nach dem Stufenleiterverfahren durch, indem Sie die folgende Tabelle ausfüllen! Achten Sie hierbei auf eine sachgerechte Reihung der Vorkostenstellen! **(10 P)**

		Hilfs-KSt		Haupt-KSt	
Kostenart	Summe	KSt	KSt	KSt 3	KSt 4
Primäre Gemeinkosten					
	xxxxx				
	xxxxx				
Gemeinkosten					

Matrikel-Nr.: ____________

b) Gehen Sie weiterhin von den Ausgangsdaten aus! **(10 P)**

- Bestimmen Sie die Verrechnungspreise für ein Kantinenessen und eine Reparaturstunde mit Hilfe des Gesamtschrittverfahrens als einer Variante der Iterationsverfahren! Nehmen Sie hierbei drei Iterationsschritte vor! Gestalten Sie Ihre Rechnung so transparent, dass man die Vorgehensweise klar nachvollziehen kann.
- Führen Sie die innerbetriebliche Leistungsverrechnung auf Basis der von Ihnen ermittelten Verrechnungspreise durch, indem Sie die unten stehende Tabelle ausfüllen!
- Erläutern Sie, worauf es zurückzuführen sein kann, wenn die Vorkostenstellen am Ende Ihrer Rechnung nicht vollständig entlastet sind!

		Hilfs-KSt		Haupt-KSt	
Kostenart	Summe	KSt 1	KSt 2	KSt 3	KSt 4
Primäre Gemeinkosten					
	xxxxx				
	xxxxx				
Gemeinkosten					

Matrikel-Nr.: ______________

Aufgabe 4: Gestufte Fixkostendeckungsrechnung **20 P**

Die Harmonie-Naturheilmittel-AG stellt folgende Produkte her:
- die Schmerzmittel (1), (2) und (3)
- die Beruhigungsmittel (4) und (5)

Um das Betriebsergebnis zu verbessern, möchte die Geschäftsleitung die verlustbringenden Produkte und Produktgruppen eliminieren. Zur besseren Analyse der Situation führt sie die stufenweise Fixkostendeckungsrechnung ein. Aus der Kosten- und Leistungsrechnung sind folgende Werte bekannt:

Die Absatzmengen betragen (Sück/Jahr):		Die Preise betragen (in €/Stück):	
(1)	50.000	(1)	20,--
(2)	35.000	(2)	25,--
(3)	30.000	(3)	30,--
(4)	25.000	(4)	48,--
(5)	40.000	(5)	27,50

Die Kostenfunktionen für die einzelnen Produkte lauten:

$K_1 = 190.000 + 16,00\ x_1$
$K_2 = 175.000 + 18,50\ x_2$
$K_3 = 180.000 + 30,50\ x_3$
$K_4 = 240.000 + 34,00\ x_4$
$K_5 = 250.000 + 18,75\ x_5$

Für die beiden Produktgruppen ergeben sich folgende Fixkosten (€/Jahr):

- Schmerzmittel	75.000
- Beruhigungsmittel	80.000

An Unternehmensfixkosten fallen € 80.000 an

a) Führen Sie eine gestufte Fixkostendeckungsrechnung durch! **(10 P)**

Matrikel-Nr.: ____________

b) Greifen Sie auf Ihr Ergebnis aus Aufgabe a) zurück! Welche Produkte oder Produktgruppen sollten kurzfristig eliminiert werden? Begründen Sie Ihre Aussage kurz und geben Sie an, um **(5 P)**

c) Greifen Sie auf Ihr Ergebnis aus Aufgabe a) zurück! Welche Produkte oder Produktgruppen sollten langfristig eliminiert werden? Begründen Sie Ihre Aussage kurz und geben Sie an, um welchen Betrag sich das Betriebsergebnis im Vergleich zu Aufgabe a) erhöht, ohne eine erneute Fixkostendeckungsrechnung zu erstellen! **(5 P)**

Matrikel-Nr.: ______________

Aufgabe 5: Verfahrenswahl **20 P**

Die Bauer AG verfügt für das Produkt (1) und (2) über vier Abfüllautomaten von unterschiedlichem Alter und technischem Stand. Die Kapazität je Automat beträgt mit 3.000 Minuten. Zudem sind folgende Daten bekannt:

Abfüllautomat	Fixkosten (€/Mon.)	Grenzkosten (€/Min.)		Stückzeiten (Min./Stück)	
		1	2	1	2
A	3.000,00	2,00	2,00	5,50	3,00
B	1.000,00	3,00	2,50	2,00	5,00
C	1.800,00	2,50	3,50	3,00	2,00
D	2.500,00	2,50	3,50	4,00	3,00

a) Welche Abfüllautomaten kommen zum Einsatz, wenn von jedem Produkt 1.500 Einheiten hergestellt werden? Geben Sie an, wieviel Einheiten der einzelnen Produkte auf den jeweiligen Automaten abgefüllt werden (Eine Berechnung der Gesamtkosten ist nicht erforderlich)! **(10 P)**

Es ergeben sich folgende Produktionsmengen:

Abfüllautomat	Produkt (1)	Produkt (2)	Benötigte Kapazität
A			
B			
C			
D			

Matrikel-Nr.: ____________________

b) Welche Abfüllautomaten kommen zum Einsatz, wenn von Produkt 1 nunmehr 750 Einheiten mehr produziert werden? Geben Sie an, wieviel Einheiten der einzelnen Produkte auf den jeweiligen Automaten abgefüllt werden (Eine Berechnung der Kosten ist nicht erforderlich)!

Es ergeben sich folgende Produktionsmengen:

Abfüllautomat	Produkt (1)	Produkt (2)	Benötigte Kapazität
A			
B			
C			
D			

Klausur Nr. 3: Aufgabenstellung[3] 20 P

Matrikel-Nr.: ____________

Aufgabe 1: Einzahlungen / Auszahlungen, Einnahmen / Ausgaben, Erträge / Aufwendungen, Erlöse / Kosten **(10 P)**

a) Peter N. betreibt seit einigen Jahren in einer Hochschulstadt einen kleinen Verlag für Vorlesungsskripte der örtlichen Hochschule. Er führt sich noch einmal die im letzten Geschäftsjahr zu verzeichnenden Geschäftsvorfälle seiner Personengesellschaft vor Augen:

1) Für ein Kopiergerät hat Peter N. vor 2 Jahren € 6.000 bar bezahlt. Die Nutzungsdauer beträgt gemäß der steuerrechtliche AfA-Tabelle 4 Jahre. Er geht jedoch davon aus, dass er das Gerät 6 Jahre nutzen kann.
2) Für Miete, Strom und Material sind € 15.000 angefallen, die Peter N. als verlässlicher Kaufmann sofort bei Fälligkeit von seinem Konto überwiesen hat.
3) Die Studentenvertretung hat ihm Skripte für € 15.000 abgekauft, die jedoch erst am Anfang des folgenden Geschäftsjahres bezahlt wurden. Darüber hinaus hat er gegen Barzahlung Skripte im für € 5.000 direkt an Studenten verkauft.
4) Für bereits im vorletzten Geschäftsjahr an die Studentenvertretung gelieferte Skripte erhielt er wie vereinbart im letzten Geschäftsjahr den Rechnungsbetrag in Höhe von € 15.000 überwiesen.
5) Da ihn seine neue Tätigkeit voll in Anspruch nimmt, hat er seine Stelle bei einem örtlichen Schnellimbiss aufgegeben. Dort hat er bisher € 9.600 im Jahr verdient.

Tragen Sie in die unten stehende Tabelle ein, in welcher Höhe diese Vorgänge im letzten Geschäftsjahr mit Einzahlungen/Auszahlungen, Einnahmen/Ausgaben, Erträgen/Aufwendungen oder Erlösen (bzw. Leistungen)/Kosten verbunden sind!

	1	2	3	4	5
Einzahlung					
Auszahlung					
Einnahme					
Ausgabe					
Ertrag					
Aufwand					
Erlöse/Leistungen					
Kosten					

3 Zur realistischen Klausurvorbereitung findet sich ein Exemplar zum Ausdrucken unter: https:// www.h-ab.de/fileadmin/dokumente/fbwr/rittich/KLR/Uebungsklausur_03_A.pdf

Matrikel-Nr.: ____________________

b) Gehen Sie von den unter a) ermittelten Werten aus und erläutern Sie kurz, welche betriebswirtschaftlichen Sachverhalte mit den unten genannten Begriffspaaren analysiert werden können! Welche Schlüsse sollte Peter N. aufgrund dieser Analysen aus seinen Geschäftszahlen ziehen, wenn diese Werte auch für die Folgejahre repräsentativ sind? (Halten Sie sich bitte an die vorgegebenen Lösungsräume!) **(10 P)**

Einzahlung/Auszahlung

Ertrag/Aufwand

Erlös/Kosten

Matrikel-Nr.: ____________________

Aufgabe 2: Abgrenzungsrechnung **20 P**

Aus der Gewinn- & Verlustrechnung eines Messerherstellers können für den Februar folgende Werte entnommen werden (in T€):

Gewinn- & Verlustrechnung

(In T€)

Auwand		**Ertrag**	
Materialaufwand	80	Umsatzerlöse	300
Löhne	60	sonstige betriebliche Erträge	27
Abschreibungen	70	Zinserträge	40
sonstige betriebliche Aufwendungen	30		
Steuern	10		
Zinsaufwand	8		
Außerordentliche Aufwendungen	25		
Unternehmenserfolg	84		
	367		**367**

Bei der Durchführung der Abgrenzungsrechnung sind folgende Informationen zu berücksichtigen:

- In den sonstigen betrieblichen Erträgen sind T€ 2 für Mieten aus vermieteten Gebäudeteilen sowie T€ 5 aus dem Abgang betrieblichen Anlagevermögens und T€ 20 aus erfolgswirksamer Auflösung von Rückstellungen enthalten.
- Die Zinserträge stammen aus der Anlage überschüssiger Mittel
- Von den Abschreibungen entfallen T€ 3 aus Abschreibung auf vermietete Gebäude.
- Für die betriebsbedingte Abschreibung sind anstelle der Werte aus der Finanzbuchhaltung kalkulatorische Abschreibungen in Höhe von T€ 50 anzusetzen.
- In den sonstigen betrieblichen Aufwendungen sind aus Verluste aus Abgang von Anlagevermögen in Höhe von T€ 10 enthalten. Die verbleibenden sonstigen betrieblichen Aufwendungen resultieren aus einem Diebstahl. Für solche Risiken werden in der internen Rechnung kalkulatorische Wagnisse in Höhe von T€ 5 angesetzt
- In den Steuern sind Steuern auf Einkommen und Ertrag in Höhe von T€ 8 sowie Grundsteuern (sonstige Steuern) für vermietete Gebäude in Höhe von T€ 2 enthalten
- Anstelle der tatsächlich gezahlten Zinsen sollen im Rahmen der Verrechnungskorrektur intern kalkulatorische Kapitalkosten in Höhe von T€ 17 angesetzt werden.
- An kalkulatorischem Unternehmerlohn fallen T€ 40 an.

a) Erläutern Sie kurz, wozu die Abgrenzungsrechnung dient und beschreiben Sie kurz ihre Schritte! **(5 P)**

b) Ermitteln Sie aus den gegebenen Informationen mit Hilfe der Abgrenzungsrechnung die Kosten und Leistungen der internen Erfolgsrechnung, indem Sie die nachfolgende Tabelle ausfüllen! Bestimmen Sie insbesondere folgende Werte: **(15 P)**

- das Ergebnis der gewöhnlichen Geschäftstätigkeit (externes Rechnungswesen)
- das außerordentliche Ergebnis (externen Rechnungswesen)
- den Jahresüberschuss (externes Rechnungswesen)
- den internen Erfolg

Matrikel-Nr.: ____________________

		Rechungskreis I		Rechnungskreis II							
		Finanzbuchhaltung		Abgrenzungsrechnung						KLR	
		Externer Erfolg		Betriebsfremde Aufwendungen u. Erträge		Außerordentliche Aufwendungen u. Erträge		Verrechnungskorrekturen		Interner Erfolg	
	Konto	Aufwand	Ertrag	Neutr. Aufwand	Neutr. Ertrag	Neutr. Aufwand	Neutr. Ertrag	Aufwand lt. FiBu	Verrechnete Kosten	Kosten	Leistungen
1	Umsatzerlöse										
2	Erhöhung/Verminderung d Bestands an fertigen u. unfertigen Erzeugnissen										
3	Andere Aktivierte Eigenleistungen										
4	Sonstige betriebliche Erträge										
5	Materialaufwand										
6	Personalaufwand										
7	Abschreibungen										
8	Sonstige betriebliche Aufwendungen										
9	Erträge aus Beteiligungen										
10	Erträge aus anderen Wertpapieren										
11	Sonstige Zinsen u. ähnliche Ertäge										
12	Abschreibungen auf Finanzanlagen u Wertpapiere des Umlaufvermögens										
13	Zinsen u. ähnliche Aufwendungen										
14	**Ergebnis der gewöhnlichen Geschäftstätigkeit**			xxxxxx		xxxxxx		xxxxxx		xxxxxx	
15	Außerordentliche Erträge										
16	Außerordentliche Aufwendungen										
17	**Außerordentliches Ergebnis**			xxxxxx		xxxxxx		xxxxxx		xxxxxx	
18	Steuern vom Einkommen u. Ertrag										
19	Sonstige Steuern										
20	**Jahresüberschuss/-fehlbetrag**			xxxxxx		xxxxxx		xxxxxx		xxxxxx	
	Summe der Korrekturen	xxxxxxx	xxxxxx							xxxxxxx	xxxxxxx
	Saldo der Korrekturen	xxxxxxx								xxxxxx	
	Interner Erfolg	xxxxxxx		xxxxxxx		xxxxxxx		xxxxxx			

Matrikel-Nr.: ______________

Aufgabe 3: Betriebsergebnisrechnung (Umsatzkostenverfahren) **20 P**

Peter M. stellt in seinem Unternehmen ausschließlich Getriebe vom Typ A und B her. Für den vergangenen Monat liegen folgende Informationen vor:

	A	B
Hergestellte Menge (Stück)	800	600
Abgesetzte Menge (Stück)	750	500
Verkaufspreis (€/Stck.)	550	750
Materialeinzelkosten gesamt (€)	150.000	125.000
Fertigungseinzelkosten gesamt (€)	250.000	160.000

Für die beiden Typen fallen zudem Gemeinkosten an, die sich wie folgt aufteilen:

Summe	Materialbereich		Fertigungsbereich		Verwaltungsbereich		Vertriebsbereich	
	fix	variabel	fix	variabel	fix	variabel	fix	variabel
196.550	40.000	41.250	25.000	41.000	5.000	0	10.000	34.300

a) Berechnen Sie den Deckungsbeitrag und das interne Betriebsergebnis (sofern sachgerecht je Produkt) für den vergangenen Monat nach dem Umsatzkostenverfahren auf Teilkostenbasis mit Hilfe der Zuschlagskalkulation! Fassen Sie hierbei die Verwaltungs- und Vertriebsgemeinkosten zusammen! **(15 P)**

Matrikel-Nr.: ____________________

b) Greifen Sie auf Ihr Ergebnis aus Aufgabe a) zurück und geben Sie an, welche Getriebe kurzfristig weiterproduziert werden sollen! Begründen Sie Ihre Antwort und geben Sie an, auf welchen Betrag sich das interne Betriebsergebnis cet. par. erhöhen würde! **(5 P)**

Matrikel-Nr.: ____________

Aufgabe 4: Programmoptimierung mit Hilfe der Simplex-Methode **20 P**

Die Schubert AG erwirtschaftet mit den drei Produkten (A), (B) und (C) jeweils 5, 15 und 10 € Deckungsbeitrag. Bei der Produktion muss jedes Produkt vier Maschinen durchlaufen. Die insgesamt zur Verfügung stehende Maschinenkapazität sowie die Inanspruchnahme der Maschinen bei der Produktion der einzelnen Produkte werden aus der unten stehenden Tabelle ersichtlich.

Maschine	t_A (Min./Stück)	t_B (Min./Stück.)	t_C (Min./Stück)	T (Min./Monat)
1	6	10	8	1.100
2	5	20	10	600
3	10	5	15	1.150
4	4	10	4	600

a) Einer Ihrer Kollegen hat bereits versucht, das optimale Produktionsprogramm mit Hilfe der Simplexmethode zu bestimmen. Leider hat er dabei jedoch die Übersicht verloren. Helfen Sie ihm, indem Sie die fehlenden Werte in den unten stehenden Tableaus eintragen! **(10 P)**

N	N	N	B	B	B	B		
6	10	8	1	0	0	0	1.100	
5	20	10	0	1	0	0	600	◄
10	5	15	0	0	1	0	1.150	
4	10	4	0	0	0	1	600	
__	__	__	0	0	0	0	0	
	▲							

__	__	__	__	__	__	__		
__	__	__	__	__	__	__	**800**	
1/4	1	1/2	0	1/20	0	0	30	◄
35/4	0	25/2	0	−1/4	1	0	1000	
3/2	0	-1	0	−1/2	0	1	300	
1	0	5/2	0	−3/4	0	0	−450	
		▲						

N	N	B	B	N	B	B	
2	− 6	0	1	− 4/5	0	0	620
1/2	2	1	0	1/10	0	0	60
5/2	− 25	0	0	− 3/2	1	0	350
2	2	0	0	− 2/5	0	1	360
0	− 5	0	0	− 1	0	0	−600

b) Greifen Sie ausschließlich auf das Endtableau des Aufgabenteils a) zurück und lesen Sie dort die folgende Werte bei Durchführung des Optimalprogramms ab: **(5 P)**

Produktionsmenge von A: ________
Produktionsmenge von B: ________
Produktionsmenge von C: ________

Freie Kapazität der Maschine 1: ________
Freie Kapazität der Maschine 2: ________
Freie Kapazität der Maschine 3: ________
Freie Kapazität der Maschine 4: ________

Erzielter Deckungsbeitrag ________

c) Im Endtableau des Aufgabenteils a) hat sich in der letzten Spalte ein Fehler eingeschlichen, der dazu führt, dass die freie Kapazität für eine Maschine dort falsch angegeben ist. Berichtigen Sie diesen Fehler nachstehend! Sie können dabei davon ausgehen, dass die aus dem Endtableau abzulesenden optimalen Produktionsmengen korrekt sind. **(5 P)**

Der Fehler hat sich bei Maschine Nr. 3 eingeschlichen. Der dort im Endtableau angegebene Wert für die freie Kapazität in Höhe von 350 Min. muss auf 250 Min. korrigiert werden.

Matrikel-Nr.: ____________

Aufgabe 5: Eigenfertigung oder Fremdbezug **20 P**

Der Produktionsleiter der Bauer AG bittet Sie zu überprüfen, welche der unten aufgeführten Zwischenprodukte der Bauer AG kurzfristig nicht mehr selbst hergestellt sondern fremdbezogen werden sollen.

Zwischenprodukt	Einkaufspreis p_F (€/kg)	Fixkosten K_f (€/Mon.)	Produktionsmenge x (kg/Mon.)	Stückkosten k (€/kg)
A	35,-	20.000,-	1.000	65,-
B	55,-	250.000,-	5.000	100,-
C	50,-	20.000,-	500	80,-
D	50,-	100.000,-	1.000	130,-

a) Stellen Sie die Argumentation für einen Fremdbezug unter kurzfristigen Aspekten dar und geben Sie an, welche Zwischenprodukte aus diesem Grund fremdbezogen werden sollten! **(10 P)**

Mithin sollten folgende Produkte fremdbezogen werden:

b) Alle selbst gefertigten Produkte durchlaufen eine Granuliermaschine, die bisher keinen Engpass dargestellt hat. Es werden folgende Durchlaufzeiten je kg benötigt: **(10 P)**

Zwischenprodukt	Durchlaufzeit (Min/kg)
A	2
B	0,4
C	4
D	2

Aufgrund eines technischen Defektes stehen momentan nur 4.000 Minuten zur Verfügung sodass zwei der vier Produkte auf jeden Fall zugekauft werden müssen. Für welche Produkte soll sich die Firmenleitung entscheiden?

Klausur Nr. 1: Lösungshinweise

Matrikel-Nr.: ________________

Aufgabe 1: Einzahlungen / Auszahlungen, Einnahmen / Ausgaben, Erträge / Aufwendungen, Erlöse / Kosten **20 P**

a) Die Tuler-AG verzeichnet im Februar folgende Geschäftsvorfälle: **(10 P)**

1) Der nicht versicherte Firmenwagen der Vorstandsvorsitzenden wird gestohlen. Das Fahrzeug wurde vor drei Jahren für € 65.000 angeschafft. Der Zeitwert beträgt € 40.000, der Buchwert € 26.000.
2) Für den Firmenwagen wird ein Ersatzfahrzeug für € 78.000 angeschafft. Der Kaufpreis wird vom Girokonto überwiesen. Das Fahrzeug soll 4 Jahre genutzt werden. Die steuerrechtlich absetzbare Nutzungsdauer beträgt 5 Jahre. Das Fahrzeug wird monatsgenau abgeschrieben.
3) Barverkauf des Produktes A für € 50.000,- aus dem Lagerbestand. Der verkaufte Lagerbestand wurde bisher mit € 75.000 bewertet.
4) Verkauf eines nicht mehr benötigten Grundstücks zum Buchwert von € 500.000. Die Zahlung soll in sechs Monaten erfolgen.
5) Produktion des Beruhigungsmittels B für € 75.000 auf Lager.

Tragen Sie in die unten stehende Tabelle ein, in welcher Höhe diese Vorgänge im Februar mit Einzahlungen/Auszahlungen, Einnahmen/Ausgaben, Erträgen/Aufwendungen oder Erlösen (bzw. Leistungen)/Kosten verbunden sind!

	1	2	3	4	5
Einzahlung			50.000		
Auszahlung		78.000			
Einnahme			50.000	500.000	
Ausgabe		78.000			
Ertrag			50.000		75.000
Aufwand	26.000	1.300	75.000		
Erlöse/Leistungen			50.000		75.000
Kosten		1.625	75.000		

Matrikel-Nr.: ____________

b) Petra S. hat sich vor 5 Jahren in Hochschulnähe ein kleines Büro eingerichtet und betreibt den Druck und Verkauf von Vorlesungsskripten. Zu Beginn des Jahres 2008 müsste ihr Geschäft renoviert werden, wofür sie € 10.000 veranschlagt. Könnte Sie die Renovierung ohne Kreditaufnahme aus dem laufenden Geschäft des Jahres 2007 bezahlen, wenn sie für 2007 die unten stehenden Geschäftsvorfälle verzeichnet? Begründen Sie Ihre Aussage und erläutern Sie kurz, welche Größen hierfür betrachtet werden müssen! **(5 P)**

	1	2	3	4	5
Einzahlung	85.000				
Auszahlung		60.000	6.000	15.000	
Einnahme	90.000				
Ausgabe		60.000	6.000		
Ertrag	90.000				
Aufwand		60.000	6.000		
Leistung/Erlöse	90.000				
Kosten		60.000	500	15.000	5.000

Zur Analyse, inwieweit Investitionen aus der laufenden Geschäftstätigkeit bezahlt werden können, muss der Saldo aus Ein- und Auszahlungen betrachtet werden. Er beträgt in diesem Fall € 4.000. Petra U. könnte die Renovierung demnach nicht aus den liquiden Mitteln bezahlen.

c) Unterstellen Sie nunmehr, dass die Renovierung finanziell auf jeden Fall durch Ersparnisse gesichert ist. Wie die Erfahrung zeigt, muss offensichtlich alle 5 Jahre in dieser Größenordnung renoviert werden. Unterstellen Sie weiterhin die unter b) angegebenen Werte. Lohnt sich für Petra S. vor diesem Hintergrund die Fortführung des Geschäftes? Begründen Sie Ihre Aussage kurz und erläutern Sie, welche Größen hierfür betrachtet werden müssen und welche Werte diese Annehmen! **(5 P)**

Um zu analysieren, inwiefern sich das Geschäft für Petra S. lohnt, müssen die Erlöse und Kosten miteinander verglichen werden. Aus Aufgabenstellung b) ergibt sich vor Renovierung ein internes Betriebsergebnis in Höhe von € 9.500.

Durch die Renovierung fallen zusätzliche jährliche Kosten in Höhe von € 10.000 : 5 = 2.000 an, wodurch sich der Gewinn zwar auf € 7.500 reduziert, das Geschäft aber immer noch lohnend bleibt.

Matrikel-Nr.: ____________

Aufgabe 2: Kalkulatorische Kapitalkosten **20 P**

Die Rüber AG stellt Ihnen folgende Informationen per 31.12.2001 zur Verfügung (Angaben in T€):

Aktiva		Passiva	
I Anlagevermögen		I Eigenkapital	
1 Grundstücke	1.000	1 Gezeichnetes Kapital	2.000
2 Gebäude	3.000	2 Rücklagen	1.350
3 Maschinen	1.000		
4 Betriebsausstattung	10	II Fremdkapital	
		1 Pensionsrückstellungen	500
II Umlaufvermögen		2 Sonstige Rückstellungen (≤ 1 Jahr)	10
		3 Sonstige Rückstellungen (> 1 Jahr)	40
1 Vorräte	80	4 Langfristige Bankverbindlichkeiten	750
2 Forderungen	100	5 Kundenanzahlungen	45
3 Zahlungsmittel	10	6 Verbindlichkeiten aus Lieferungen und Leistungen	505
	5.200		5.200

Anlagevermögen

20 % der Grundstücke werden betriebsfremd genutzt. Der Wiederbeschaffungswert der Grundstücke beträgt T€ 1.500.

Die Gebäude haben eine Nutzungsdauer von 50 Jahren, von denen bereits 20 Jahre abgeschrieben wurden. Der Wiederbeschaffungswert beträgt T€ 5.000.

Die Nutzungsdauer der Maschinen beträgt 10 Jahre, wovon je nach Maschine zwischen 1 und 5 Jahren abgeschrieben worden sind. Der aktuelle Wiederbeschaffungswert beträgt T€ 2.000.

Der Anschaffungswert der Betriebsausstattung beträgt T€ 15, der Wiederbeschaffungswert T€ 18 und der Veräußerungswert TE 3.

Umlaufvermögen

Der Bestand an Vorräten betrug zum 31.12.2000 T€ 50.

Der Forderungsbestand entspricht dem Durchschnittsbestand. Von den Forderungen wurden bereits T€ 30 abgeschrieben, so dass sich der ausgewiesene Bestand nach Abschreibung ergibt. Nach realistischer Einschätzung wird jedoch lediglich von einem Ausfall in Höhe von T€ 10 ausgegangen.

Der Zahlungsmittelbestand entspricht der betriebsnotwendigen Barreserve. Es ist der Durchschnittsbestand angegeben.

Fremdkapital

Die Pensionsrückstellungen sind mit dem gesetzlich vorgeschriebenen Zinssatz zu verzinsen.

Die langfristigen Bankverbindlichkeiten werden mit 9,8 % verzinst.

Für die Kundenanzahlungen fällt keine Verzinsung an.

Bei den Verbindlichkeiten aus Lieferungen und Leistungen wurde auf den Skontoabzug verzichtet.

a) Berechnen Sie das betriebsnotwendige Vermögen nach der Durchschnittswertmethode auf Basis der Wiederbeschaffungspreise und geben Sie an, wie hoch das betriebsnotwendige Kapital ohne Abzug von Abzugskapital ist! **(10 P)**

Anlagevermögen		
1.	Grundstücke	1.200
2.	Gebäude	2.500
3.	Maschinen	1.000
4.	Betriebsausstattung	9
Umlaufvermögen		
	Vorräte	65
	Forderungen	120
	Zahlungsmittel	10
Betriebsnotwendiges Vermögen		**4.904**

Das betriebsnotwendige Kapital ohne Abzug von Abzugskapital entspricht dem betriebsnotwendigen Vermögen. Dementsprechend ergibt sich

Betriebsnotwendiges Kapital ohne Abzug von Abzugskapital **4.904**

Matrikel-Nr.: ____________

b) Wie hoch ist das hieraus abgeleitete betriebsnotwendige Kapital bei Berücksichtigung von Abzugskapital? **(5 P)**

Das betriebsnotwendige Kapital unter Berücksichtigung von Abzugskapital entspricht dem betriebsnotwendigen Vermögen abzüglich nicht verzinslicher Verbindlichkeiten. Somit ergibt sich

	Betriebsnotwendiges Vermögen	4.904
./.	zinsfreie Verbindlichkeiten	
	- sonstige Rückstellungen ($\leq$ 1 Jahr)	10
	- Kundenanzahlungen	45
= betriebsnotwendiges Kapital (mit Abzug von Abzugskapital)		4.849

c) Bestimmen Sie den Gesamtkapitalkostensatz wacc bei einem Kalkulationszins von 15 % für die Eigenkapitalgeber sowie durchschnittlich 8 % für das Fremdkapital. Gehen Sie hierbei davon aus, dass der Marktwert des Fremdkapitals dem Buchwert entspricht und der Marktwert des Eigenkapitals T€ 3.350 beträgt! Eine Bestimmung der Gesamtkapitalkosten ist nicht erforderlich! **(5 P)**

Der anzusetzende Kapitalkostensatz ergibt sich wie folgt:

$$k = WACC = r_{EK}\frac{EK}{GK} + r_{FK}\frac{FK}{GK}$$

Somit ergibt sich:

$$k = WACC^{ohneSteuern} = 0{,}15\frac{3.350}{5.200} + 0{,}08\frac{1.850}{5.200} = 0{,}125096$$

Matrikel-Nr.: ____________

Aufgabe 3: Kostenträgerrechnung **20 P**

In einem Betrieb werden ausschließlich die Fensterrahmen A und B hergestellt. Hierbei durchlaufen sie einen zweistufigen Herstellungsprozess, bei dem in der Fertigungskostenstelle 1 zunächst alle Rohformen auf einer Spritzgussmaschine gefertigt und anschließend in Fertigungskostenstelle 2 die Rohformen manuell zu absatzfähigen Rahmen verarbeitet werden. Hierbei fallen folgende Kosten an:

	KSt 1	KSt 2
Fertigungsgemeinkosten	4.050	3.640

In der Planperiode werden 200 Fensterrahmen A und 300 Fensterrahmen B hergestellt und auch alle abgesetzt.
An Materialeinzelkosten fallen an: € 73 je Fensterrahmen für A und € 96 je Fensterrahmen für B. Die Materialgemeinkosten betragen € 10.850.
An Fertigungseinzelkosten fallen an: € 20 je Fensterrahmen für A und € 28 je Fensterrahmen für B.
Für die Verwaltungs- und Vertriebskosten wird zusammen ein Zuschlagssatz von 15 % auf die Herstellkosten angesetzt.
Die Fertigungskostenstellen werden von den Fensterrahmen wie folgt beansprucht:

	KSt 1 (Min./Rahmen)	KSt 2 (Min./Rahmen)
Fensterrahmen A	45	70
Fensterrahmen B	60	105

Bestimmen die Herstell- sowie die Selbstkosten je Fensterrahmen (pro Stück) auf Vollkostenbasis unter Anwendung der Zuschlagskalkulation für den Material-, Verwaltungs- und Vertriebsbereich. Verrechnen Sie die Gemeinkosten des Fertigungsbereichs jedoch auf Basis der zeitlichen Inanspruchnahme auf Basis der Produktionszeiten!

1. Lösungsalternative: Berechnung direkt pro Fensterrahmen.

		Σ €	Verrechnungssatz	A €	B €
	Materialeinzelkosten	43.400		73,00	96,00
+	Materialgemeinkosten	10.850	25,00 %	18,25	24,00
+	Fertigungseinzelkosten	12.400		20,00	28,00
+	Fertigungsgemeinkosten KSt 1	4.050	0,15 €/Min	6,75	9,00
+	Fertigungsgemeinkosten KSt 2	3.640	0,08 €/Min	5,60	8,40
=	**Herstellkosten**	**74.340**		**123,60**	**165,40**
+	Verw. /Vertr.gemeinkosten	11.151	15,00 %	18,54	24,81
=	**Selbstkosten**	**85.491**		**142,14**	**190,21**

2. Lösungsalternative: Berechnung zunächst mit Hilfe der Summen, dann durch die Zahl der Rahmen dividiert:.

		Σ €	Verrechnungssatz	A €	B €
	Materialeinzelkosten	43.400		14.600	28.800
+	Materialgemeinkosten	10.850	25,00 %	3.650	7.200
+	Fertigungseinzelkosten	12.400		4.000	8.400
+	Fertigungsgemeinkosten KSt 1	4.050	0,15 €/Min	1.350	2.700
+	Fertigungsgemeinkosten KSt 2	3.640	0,08 €/Min	1.120	2.520
=	**Herstellkosten**	**74.340**		**24.720**	**49.620**
+	Verw. /Vertr.gemeinkosten	11.151	15,00 %	3.708	7.443
=	**Selbstkosten**	**85491**		**28.428**	**57.063**

Teilt man diese Summen durch die Anzahl der hergestellten Fensterrahmen, so erhält man die gleichen Werte wie oben!

Die verwendeten Minutensätze für die Verrechnung der Fertigungskostenstellen ergeben sich hierbei wie folgt:

KSt 1: 4.050 : [(45x200)+(60x300)] = 0,15 €/Min.

KSt 2 3.640 : [(70x200)+(105x300)] = 0,08 €/Min.

Matrikel-Nr.: ______________

Aufgabe 4: Programmoptimierung bei mehreren Engpässen **20 P**

Die Schmidt AG stellt auf 3 Maschinen das Produkt (A) sowie das Produkt (B) her. Folgende Informationen sind bekannt:

Produkt	Mindestmenge (kg)	Höchstmenge (kg)
A	250	3.500
B	750	1.500

Produkt	p (€/kg)	k_v (€/kg)	k_f (€/kg)
A	150	120	10
B	120	60	5

Maschine	Kapazität (Min.)	Produktionszeit für A Min./kg	Produktionszeit für B Min./kg
Maschine 1	10.000	2	4
Maschine 2	12.000	6	3
Maschine 3	5.000	2	2

Bestimmen Sie graphisch und rechnerisch (auf der Zeichnung basierend – nicht mit Hilfe eines exakten Verfahrens) das gewinnoptimale Produktionsprogramm! Beschriften Sie Ihre Zeichnung exakt

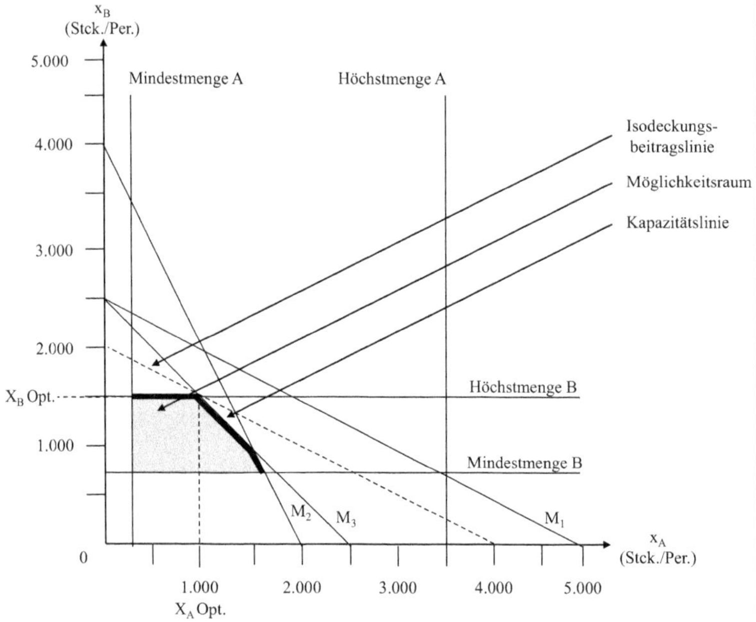

Matrikel-Nr.: ______________

Zunächst werden die Kapazitätslinien der Maschinen sowie die Deckungsbeitragsfunktion abgeleitet:

Maschine 1	10.000	=	2,00 x_A	+	4,00 x_B
Maschine 2	12.000	=	6,00 x_A	+	3,00 x_B
Maschine 3	5.000	=	2,00 x_A	+	2,00 x_B

Deckungsbeitragsfunktion 30 x_A + 60 x_B

Anschließend wird auf Basis der Kapazitätslinien der Möglichkeitsraum bestimmt. Unter Heranziehung der Deckungsbeitragsfunktion lässt sich nun graphisch das optimale Produktionsprogramm wie oben gezeichnet bestimmen.

Rechnerisch lässt sich das optimale Produktionsprogramm exakt wie folgt bestimmen:

Maschine 3	5.000	=	2,00 x_A	+	2,00 x_B
Höchstmenge B	1.500	=	x_B		

Zieht man von der ersten Gleichung das Doppelte der zweiten Gleichung ab, so ergibt sich:

2.000 = 2,00 x_A

Die Gewinnmaximale Ausbringungsmenge beträgt demzufolge für

x_A = 1.000
x_B = 1.500

x_A = 1.000 x_B = 1.500

Matrikel-Nr.: ____________

Aufgabe 5: Plankostenrechnung: Kontrolle der Gemeinkosten bei flexibler Planung **20 P**

Die Harmonie AG hat in der Kostenstelle Fertigung für ein Produkt eine Plan-Beschäftigung von 40.000 Packungen angesetzt, während die Ist-Beschäftigung 60.000 Packungen betrug. Die geplanten Gemeinkosten belaufen sich auf 52.000 €. Davon sind 28.000 € variabel und 24.000 € fix. Die variablen Ist-Kosten belaufen sich auf 60.000 €, während die fixen Ist-Kosten dem Planwert entsprechen.

a) Ermitteln Sie den Plankostenverrechnungssatz k_p und den variablen Plankostenverrechnungssatz k_{vp} auf Basis der flexiblen Plankostenrechnung auf Vollkostenbasis! Zeichnen Sie die Sollkosten- sowie die Plankostenlinie in ein Koordinatensystem und bestimmen Sie grafisch und mathematisch die Verbrauchs-, die Beschäftigungs- und die Gesamtabweichung nach Däumler/Grabe! **(12 P)**

Bei einer Planbeschäftigung von 40.000 Packungen ergibt sich:

$$k_p = \frac{52.000}{40.000} = 1{,}30$$

$$k_{vp} = \frac{28.000}{40.000} = 0{,}70$$

Damit ergibt sich:

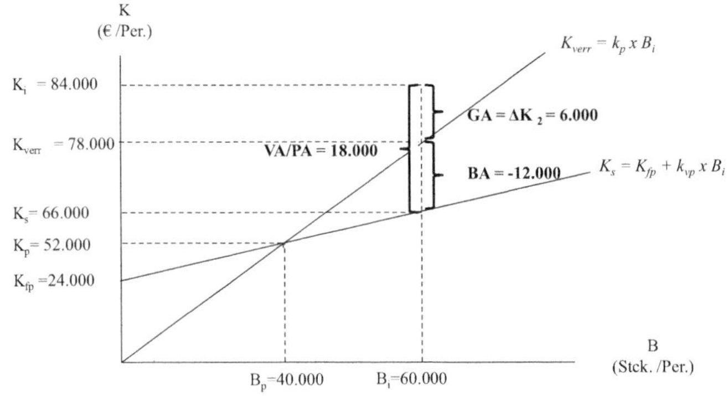

K_s = Soll-Kosten
K_i = Ist-Kosten bei Ist-Beschäftigung
K_{verr} = Verrechnete Plan-Kosten bei Ist-Beschäftigung
BA = Beschäftigungsabweichung (nicht verr. Fixkosten - auch Kostendifferenz zwischen KSt u. Kostenträger bei 0 Verbrauchsabweichung)

B_p = Plan-Beschäftigung
B_s = Soll-Beschäftigung
K_p = Plan-Kosten bei Planbeschäftigung
ΔK_2 = Gesamtabweichung nach Däumler/Grabe
MA = Mengenabweichung
PA = Preisabweichung

Mathematisch ergibt sich:

BA	=	K_s	-	K_{verr}
	=	66.000	-	78.000
	=	- 12.000		
VA	=	K_i	-	K_s
	=	84.000	-	66.000
	=	18.000		
GA	=	BA	+	VA
	=	- 12.000	+	18.000
	=	6.000		

Matrikel-Nr.: ____________________

b) Erläutern Sie, für welche Abweichungsbeträge der Kostenstellenleiter verantwortlich ist und für welche nicht! Begründen Sie Ihre Aussage, interpretieren Sie die Abweichungen ökonomisch! **(8 P)**

Verantwortlich ist der Kostenstellenleiter allein für die in VA/PA enthaltene Verbrauchsabweichung. Sofern die Einkaufspreise den Planwerten entsprechen, beträgt die Preisabweichung PA Null, so dass die von ihm zu verantwortende Verbrauchsabweichung demnach € 18.000 beträgt. Würden die Ist- von den Plan-Einkaufspreisen abweichen, so ergäbe sich noch eine Preisabweichung, die aus diesem Betrag herauszurechnen wäre.

Sofern die Ist- den Plan-Einkaufspreisen entsprechen, ergibt sich VA direkt als Differenz zwischen den Ist-Kosten (K_i) und den Soll-Kosten (K_s) der Ist-Beschäftigung. Bei der Bestimmung der Soll-Kosten werden nur die variablen Kosten in Abhängigkeit von der Produktionsmenge umgerechnet. Die Fixkosten fließen hingegen als fester Betrag ein. Erreicht der Kostenstellenleiter die Kostenvorgaben, entsprechen seine Ist-Kosten exakt den Soll-Kosten. Diese Sollkosten sind demnach unabhängig von der Beschäftigung für ihn erreichbar.

Nicht verantwortlich ist er für die Beschäftigungsabweichung in Höhe von € - 12.000. Sie ergibt sich aus der Differenz zwischen Soll-Kosten (K_s) und verrechneten Plankosten (K_{verr}). Bei der Berechnung der verrechneten Plan-Kosten (K_{verr}) werden sämtliche Plankosten (d. h. fixe und variable Kosten) proportional auf die tatsächlich produzierte Menge umgerechnet.

Bei einer Abweichung der Ist- von der Plan-Menge muss es aufgrund der dabei vorgenommenen impliziten proportionalen Verrechnung der Fixkosten quasi zwangsläufig zu Differenzen zwischen den Soll-Kosten (K_s) und den verrechneten Plan-Kosten (K_{verr}) kommen:

- Liegt die Ist-Menge unter der Plan-Menge, werden nicht alle Fixkosten auf die Produkte umgelegt. Dies führt dazu, dass allein wegen dieses Effektes die Soll-Kosten über den verrechneten Plankosten liegen müssen.
- Liegt die Ist-Menge über der Plan-Menge, werden bei der Berechnung der verrechneten Plankosten mehr Fixkosten auf die Produkte umgelegt, als in Wirklichkeit entstanden sind. Dieser Effekt führt dazu, dass die Soll-Kosten unter den verrechneten Plankosten liegen

Diese Abweichung wird als Beschäftigungsabweichung bezeichnet. Sie resultiert allein aus der „fehlerhaften" Verrechnung der Fixkosten bei einem Mengenrückgang und ist nicht vom KSt-Leiter zu verantworten.

Die Gesamtabweichung stellt die Differenz zwischen Ist-Kosten (K_i) und zwischen verrechneten Plankosten (K_{verr}) dar. Sie ergibt sich aus der Summe der Verbrauchs- und Beschäftigungsabweichung. Mithin ist der Kostenstellenleiter nur für die darin enthaltene Verbrauchsabweichung verantwortlich.

Klausur Nr. 2: Lösungshinweise

Matrikel-Nr.: ____________

Aufgabe 1: Einzahlungen/Auszahlungen, Einnahmen/Ausgaben, Erträge/Aufwendungen, Erlöse/Kosten **20 P**

a) Susanne H. ist alleinige Gesellschafter-Geschäftsführerin der Firma „Arvengarde Architektur GmbH". Im Januar des laufenden Jahres wurden folgende Geschäftsvorfälle verzeichnet: **(10 P)**

1) Susanne H. hat das Stammkapital der GmbH um € 50.000 erhöht und den Betrag von ihrem Privatkonto auf das Firmenkonto überwiesen.

2) Für € 48.000 hat sie sich einen neuen Firmenwagen gekauft. Der Wagen wurde bar bezahlt. Sie rechnet mit einer Nutzungsdauer von 4 Jahren, während das Finanzamt 5 Jahre unterstellt.

3) Der alte – auf € 8.000 abgeschriebene – Firmenwagen wird für € 5.000 verkauft. Die Zahlung soll im Februar erfolgen.

4) Für ihre Büromiete fallen im Quartal € 12.000 an, die per Dauerauftrag jeweils am 1. des Quartals überwiesen werden.

5) Für Ihre Geschäftsführung gesteht sie sich ein Bruttomonatsgehhalt von € 10.000 zu. Zum 31.1. werden ihr netto € 5.600 auf ihr privates Girokonto überwiesen. Die Steuern in Höhe von € 3.250 sowie die Sozialabgaben in Höhe von € 2.300 werden gleichzeitig an die entsprechenden Stellen überwiesen.

Tragen Sie in die unten stehende Tabelle ein, in welcher Höhe diese Vorgänge im Januar mit Einzahlungen/Auszahlungen, Einnahmen/Ausgaben oder Erträgen/Aufwendungen verbunden sind!

	1	2	3	4	5
Einzahlung	50.000				
Auszahlung		48.000		12.000	11.150
Einnahme			5.000		
Ausgabe		48.000		4.000	11.150
Ertrag					
Aufwand		800	3.000	4.000	11.150
Erlöse/Leistungen					
Kosten		1.000		4.000	11.150

Für interessierte Studierende, die sich fragen, wie die Zahlen in Vorgang 5 zustande kommen:

Auszahlung an den Arbeitnehmer:	5.600
Abführung der Steuer:	3.250
Abführung Arbeitnehmeranteil an der Sozialversicherung:	1.150
Abführung Arbeitgeberanteil an der Sozialversicherung:	1.150
Gesamt	11.150

Die Werte entsprechen in etwa dem Stand der Abgabenlast von 2015. Ich bitte um Verständnis, dass sie nicht jedes Jahr an die aktuelle Rechtslage angepasst wird.

b) In welcher Höhe müsste die „Avantgarde Architektur GmbH" im Januar einen Kredit in Anspruch nehmen, falls keine Liquiditätsreserven existieren würden? **(5 P)**

Aus der oben aufgeführten Ein- und Auszahlungen lässt sich sofort erkennen, dass die „Avantgarde Architektur GmbH" im Januar ein Liquiditätsdefizit in Höhe € 21.010 erwirtschafte hat. Sofern keine Liquiditätsreserven bestehen, müsste dieses Defizit durch einen Kredit fremdfinanziert werden,

Matrikel-Nr.: ____________

c) Worauf ist es zurückzuführen, wenn für den gleichen Vorgang Kosten in anderer Höhe als im Aufwand gebucht werden? Geben Sie hierfür ein Beispiel! **(5 P)**

Der gleiche Vorgang kann zu Kosten in anderer Höhe als im Aufwand führen, wenn die im externen Rechnungswesen für die Ermittlung des Aufwands anzuwendenden Rechtsvorschriften aus Sicht der Unternehmensleitung nicht zu einer realitätsgerechten Wiedergabe des Werteverzehrs führen. Dieser Werteverzehr wird dann zwar der Sache nach im externen Rechnungswesen und in der KLR gleich gebucht, jedoch mit unterschiedlichen Werten (Anderskosten). Ein typisches Beispiel hierfür sind unterschiedliche Abschreibungszeiträume im externen Rechnungswesen und in der KLR.

Matrikel-Nr.: ____________

Aufgabe 2: Preisbestimmung für den Materialeinsatz **20 P**

Die Schmidt AG verzeichnet für ihr Lager an Kunststoffgranulat folgende Werte:

Datum	Vorgang	Menge (kg)	Preis (€/kg)
02.01.	Anfangsbestand	1.000	1
10.01.	Zugang	2.000	1,3
18. Jan	Zugang	2.000	1,35
23. Jan	Zugang	1.000	1,6

Datum	Vorgang	Menge (kg)
11.01.	Entnahme	2.000
19.01.	Entnahme	1.000

a) Auf Rat einer Unternehmensberatung soll bei der Bewertung die Fortschreibungsmethode angewandt werden. Mit welchem Preis pro kg werden die Lagerentnahmen bewertet! Wie hoch ist der Gesamtwert des Endbestandes am 31.01? Füllen Sie zur Berechnung die nachstehende Tabelle aus; beschriften Sie die Spalten exakt! **(15 P)**

Datum	Vorgang	Menge (kg)	Preis (€/kg)	Wert
02.01.	Anfangsbestand	1.000	1	1.000,-
10.01.	Zugang	2.000	1,3	2.600,-
	Bestand	**3.000**	**1,2**	**3.600,-**
11.01.	Entnahme	2.000	1,2	2.400
	Bestand	**1.000**	**1,2**	**1.200,-**
18.01.	Zugang	2.000	1,35	2.700,-
	Bestand	**3.000**	**1,3**	**3.900,-**
19.01.	Entnahme	1.000	1,3	1.300,-
	Bestand	**2.000**	**1,3**	**2.600,-**
23. Jan	Zugang	1.000	1,6	1.600
	Bestand	**3.000**	**1,4**	**4.200,-**
31.01.	**Endbestand**	**3.000**	**1,4**	**4.200,-**

Die Entnahme am 11.1. wird mit folgendem Preis pro kg bewertet: 1,20 €/kg

Die Entnahme am 19.1. wird mit folgendem Preis pro kg bewertet: 1,30 €/kg

Der Gesamtwert des Endbestandes beträgt: 4.200 €

b) Wie hoch wären die folgenden Werte, wenn statt des gleitenden Durchschnitts der Fortschreibungsmethode der gewogene Durchschnitts verwendet würde? **(5 P)**

Die Entnahme am 11.1. wird mit folgendem Preis pro kg bewertet: 1,32 €/kg (1,316666666)

Die Entnahme am 19.1. wird mit folgendem Preis pro kg bewertet: 1,32 €/kg (1,316666666

Der Gesamtwert des Endbestandes beträgt: 3.950,- €

Matrikel-Nr.: ____________

Aufgabe 3: Kostenstellenrechnung **20 P**

Die Siebert AG verfügt über die Hilfskostenstellen Kantine (KSt 1) und Reparaturwerkstatt (KSt 2), die neben ihren Leistungen an die Endkostenstellen KSt 3 und KSt 4 auch gegenseitig Leistungen austauschen. Die entsprechenden Leistungsverflechtungen sowie die für die einzelnen Kostenstellen ermittelten Kosten vor Verrechnung ergeben sich wie folgt:

Primäre Gemeinkosten (In €)		Abgegebene Leistung der Kantine an (In Zahl der Essen)		Abgegebene Leistung der Reparaturwerkstatt an (In Std.)	
KSt 1	6.336			KSt 1	30
KSt 2	50.000	KSt 2	66		
KSt 3	150.000	KSt 3	176	KSt 3	700
KSt 4	120.000	KSt 4	110	KSt 4	270

a) Führen Sie die innerbetriebliche Leistungsverrechnung nach dem Stufenleiterverfahren durch, indem Sie die folgende Tabelle ausfüllen! Achten Sie hierbei auf eine sachgerechte Reihung der Vorkostenstellen! **(10 P)**

Erläuterung:

Bei einer ersten Überschlagsrechnung ohne Berücksichtigung der Leistungsbeziehungen ergeben sich folgende Preise:

Kantine: 18,00 €/Essen Reparatur: 50 €/Std.

Auf Grundlage diese Überschlagspreise hätten die Vorkostenstellen folgende Leistungen (in €) erbracht:

KSt 1 an KSt 2: 1.188,- €
KSt 2 an KSt 1: 1.500,- €

Es ist daher sachgerecht, KSt 2 als 1. Vorkostenstelle anzusetzen. In diesem Fall ergeben sich folgende Verrechnungspreise:

Kantine: 27,3986013986 €/Essen
Reparatur: 50,00 €/Std.

		Hilfs-KSt		Haupt-KSt	
Kostenart	Summe	KSt 2	KSt 1	KSt 3	KSt 4
Primäre Gemeinkosten	326.336,00	50.000,00	6.336,00	150.000,00	120.000,00
Umlage Werkstatt	xxxxx	-50.000,00	1.500,00	35.000,00	13.500,00
Umlage Kantine	xxxxx		-7.836,00	4.822,15	3.013,85
Gemeinkosten	326.336,00	0,00	0,00	189.822,15	136.513,85

Matrikel-Nr.: ____________________

b) Gehen Sie weiterhin von den Ausgangsdaten aus! **(10 P)**

- Bestimmen Sie die Verrechnungspreise für ein Kantinenessen und eine Reparaturstunde mit Hilfe des Gesamtschrittverfahrens als einer Variante der Iterationsverfahren! Nehmen Sie hierbei drei Iterationsschritte vor! Gestalten Sie Ihre Rechnung so transparent, dass man die Vorgehensweise klar nachvollziehen kann.
- Führen Sie die innerbetriebliche Leistungsverrechnung auf Basis der von Ihnen ermittelten Verrechnungspreise durch, indem Sie die unten stehende Tabelle ausfüllen!
- Erläutern Sie, worauf es zurückzuführen sein kann, wenn die Vorkostenstellen am Ende Ihrer Rechnung nicht vollständig entlastet sind!

Es wird von folgenden Daten ausgegangen:

- Primäre Gemeinkosten Kantine	6.336	
- Primäre Gemeinkosten Reparaturstunde	50.000	
- Leistungsabgabe Kantine an Reparaturstelle	18,75 %	(66 Essen)
- Leistungsabgabe Reparaturstelle an Kantine	3,00 %	(30 Std)

1. Iteration:	Kantine	6.336,-	+	0,03	x	50.000,-	=	7.836,00
	Reparatur	50.000,-	+	0,1875	x	6.336,-	=	51.188,00
2. Iteration:	Kantine	6.336,-	+	0,03	x	51.188,00	=	7.871,64
	Reparatur	50.000,-	+	0,1875	x	7.836,00	=	51.469,25
3. Iteration:	Kantine	6.336,-	+	0,03	x	51.469,25	=	7.880,08
	Reparatur	50.000,-	+	0,1875	x	7.871,64	=	51.475,93

Die Preise berechnen sich wie folgt:

7.880,08	/	352 Essen	=	22, 39	€/Essen
				(22,3865838068	€ /Essen)
51.475,93	/	1.000 Std.	=	51,48	€/Std.
				(51,4759325	€/Std.)

Der Umstand, dass die Vorkostenstellen ggf. nicht vollständig entlastet sind, kann – neben der Möglichkeit, dass man sich verrechnet hat - auf zwei Gründe zurückzuführen sein:

- Auf Rundungsabweichungen bei der Berechnung
- Da das Iterationsverfahren erst bei einer hinreichend hohen Zahl an Iterationen einen hinreichend exakten Wert ergibt, kann es aufgrund der ggf. fehlenden Exaktheit dazu kommen, dass die Vorkostenstellen nicht vollständig entlastet werden,

		Hilfs-KSt		Haupt-KSt	
Kostenart	Summe	KSt 1	KSt 2	KSt 3	KSt 4
Primäre Gemeinkosten	326.336,00	6.336,00	50.000,00	150.000,00	120.000,00
Umlage Kantine	xxxxx	-7.880,07	1.477,51	3.940,04	2.462,52
Umlage Werkstatt	xxxxx	1.544,28	-51.475,93	36.033,15	13.898,50
Gemeinkosten	326.336,00	0,21	1,58	189.973,19	136.361,02

Matrikel-Nr.: ____________

Aufgabe 4: Gestufte Fixkostendeckungsrechnung **20 P**

Die Harmonie-Naturheilmittel-AG stellt folgende Produkte her:
- die Schmerzmittel (1), (2) und (3)
- die Beruhigungsmittel (4) und (5)

Um das Betriebsergebnis zu verbessern, möchte die Geschäftsleitung die verlustbringenden Produkte und Produktgruppen eliminieren. Zur besseren Analyse der Situation führt sie die stufenweise Fixkostendeckungsrechnung ein. Aus der Kosten- und Leistungsrechnung sind folgende Werte bekannt:

Die Absatzmengen betragen (Sück/Jahr):

(1)	50.000
(2)	35.000
(3)	30.000
(4)	25.000
(5)	40.000

Die Preise betragen (in €/Stück):

(1)	20,--
(2)	25,--
(3)	30,--
(4)	48,--
(5)	27,50

Die Kostenfunktionen für die einzelnen Produkte lauten:

$K_1 = 190.000 + 16{,}00\ x_1$
$K_2 = 175.000 + 18{,}50\ x_2$
$K_3 = 180.000 + 30{,}50\ x_3$
$K_4 = 240.000 + 34{,}00\ x_4$
$K_5 = 250.000 + 18{,}75\ x_5$

Für die beiden Produktgruppen ergeben sich folgende Fixkosten (€/Jahr):

- Schmerzmittel 75.000
- Beruhigungsmittel 80.000

An Unternehmensfixkosten fallen € 80.000 an

a) Führen Sie eine gestufte Fixkostendeckungsrechnung durch! **(10 P)**

	Schmerzmittel			Beruhigungsmittel	
	1	2	3	4	5
Erlös	1.000.000	875.000	900.000	1.200.000	1.100.000
Variable Kosten	800.000	647.500	915.000	850.000	750.000
Deckungsbeitrag	**200.000**	**227.500**	**-15.000**	**350.000**	**350.000**
Produktfixkosten	190.000	175.000	180.000	240.000	250.000
RDB I	**10.000**	**52.500**	**-195.000**	**110.000**	**100.000**
Produktgruppenfixkosten		75.000		80.000	
RDB II		**-207.500**		**130.000**	
Unternehmensfixkosten			80.000		
Betriebsergebnis			**-157.500**		

Matrikel-Nr.: ____________________

b) Greifen Sie auf Ihr Ergebnis aus Aufgabe a) zurück! Welche Produkte oder Produktgruppen sollten kurzfristig eliminiert werden? Begründen Sie Ihre Aussage kurz und geben Sie an, um **(5 P)**

Kurzfristig sollten nur diejenigen Produkte eliminiert werden, die einen negativen Deckungsbeitrag (Erlös ./. variable Kosten) aufweisen, da sich mit jeder produzierten Einheit der Verlust erhöht. Da Fixkosten nicht kurzfristig abgebaut werden können, sollten Produkte oder Produktgruppen mit positivem Deckungsbeitrag vorerst weiter produziert werden, bis dass die zugehörigen Fixkosten abgebaut werden können. So lange trägt der positive Deckungsbeitrag dazu bei, die Fixkosten zumindest zum Teil zu decken.

In dem hier vorliegenden Fall sind nur die Deckungsbeiträge von Produkt 3 negativ. Mithin sollte kurzfristig Produkt 3 eingestellt werden. Das Betriebsergebnis erhöht sich um den Deckungsfehlbetrag i. H. v. € 15.000 auf € –142.500.

Das Betriebsergebnis erhöht sich durch die Einstellung der Produktgruppe „Schmerzmittel" um den wegfallenden RDB II i. H. v. € –207.500 auf € 50.000.

c) Greifen Sie auf Ihr Ergebnis aus Aufgabe a) zurück! Welche Produkte oder Produktgruppen sollten langfristig eliminiert werden? Begründen Sie Ihre Aussage kurz und geben Sie an, um welchen Betrag sich das Betriebsergebnis im Vergleich zu Aufgabe a) erhöht, ohne eine erneute Fixkostendeckungsrechnung zu erstellen! **(5 P)**

Langfristig lassen sich auch Fixkosten abbauen. Es sollten daher alle Produkte eliminiert werden, deren RDB I negativ ist. Außer dem bereits eingestellten Produkt 3 trifft dies jedoch auf kein anderes Produkt zu. Allerdings können nunmehr auch die mit Produkt 3 verbundenen Fixkosten abgebaut werden.

Sofern nach Abbau aller Produkte mit negativen RDB I noch Produktgruppen verbleiben, die einen negativen RDB II aufweisen, müssen diese Produktgruppen eingestellt werden, auch wenn der DB und RDB I der zugehörigen Produkte positiv ist. Dies ist für die Produktgruppe „Schmerzmittel" der Fall.

Sollte nach Eliminierung der verlustbringenden Produktgruppen das Betriebsergebnis immer noch negativ sein, so kann nur der Betrieb geschlossen werden. Dies ist hier nicht der Fall

In dem hier vorliegenden Fall erhöht sich durch die Eliminierung der Produktgruppe „Schmerzmittel" das Betriebsergebnis um den wegfallenden RDB II i. H. v. € –207.500 auf € 50.000.

Matrikel-Nr.: ______________

Aufgabe 5: Verfahrenswahl **20 P**

Die Bauer AG verfügt für das Produkt (1) und (2) über vier Abfüllautomaten von unterschiedlichem Alter und technischem Stand. Die Kapazität je Automat beträgt 3.000 Minuten. Zudem sind folgende Daten bekannt:

Abfüllautomat	Fixkosten (€/Mon.)	Grenzkosten (€/Min.)		Stückzeiten (Min./Stück)	
		1	2	1	2
A	3.000,00	2,00	2,00	5,50	3,00
B	1.000,00	3,00	2,50	2,00	5,00
C	1.800,00	2,50	3,50	3,00	2,00
D	2.500,00	2,50	3,50	4,00	3,00

a) Welche Abfüllautomaten kommen zum Einsatz, wenn von jedem Produkt 1.500 Einheiten hergestellt werden? Geben Sie an, wieviel Einheiten der einzelnen Produkte auf den jeweiligen Automaten abgefüllt werden (Eine Berechnung der Gesamtkosten ist nicht erforderlich)! **(10 P)**

Zunächst wird untersucht, bei welchen Automaten die geringsten variablen Stückkosten anfallen. Die ist für Produkt 1 der Automat B und für Produkt 2 der Automat A.

Abfüllautomat	Fixkosten (€/Mon.)	Grenzkosten (€/Min.)		Stückzeiten (Min./Stück)		Variable Stückkosten (€/Stück)	
		1	2	1	2	1	2
A	3.000,00	2,00	2,00	5,50	3,00	11,00	6,00
B	1.000,00	3,00	2,50	2,00	5,00	6,00	12,50
C	1.800,00	2,50	3,50	3,00	2,00	7,50	7,00
D	2.500,00	2,50	3,50	4,00	3,00	10,00	10,50

Die Kapazität des Automaten B ist hinreichend, um die gewünschte Menge von Produkt 1 herzustellen (1.500 x 2 = 3.000 Minuten).

Die Kapazität des Automaten A ist hingegen nicht ausreichend, um die gewünschte Menge von Produkt 2 zu produzieren (1.500 x 3 = 4.500 Minuten). Mithin muss ein Teil der Produktion auf einen anderen Automaten verlagert werden. Auch hier sind zunächst die geringsten variablen Stückkosten ausschlaggebend. Diese fallen bei Automat C an. Mithin wird die restliche Menge auf C produziert. Die Kapazität ist ausreichend (500 x 2 = 1.000 Minuten). Ein Engpass entsteht nicht, da die Produktion von Produkt 1 auf Automat B gar nicht berührt wird.

Es ergeben sich folgende Produktionsmengen:

Abfüllautomat	Produkt (1)	Produkt (2)	Benötigte Kapazität
A	0	1.000	3.000
B	1.500	0	3.000
C	0	500	1.000
D	0	0	0

Matrikel-Nr.: ____________________

b) Welche Abfüllautomaten kommen zum Einsatz, wenn von Produkt 1 nunmehr 750 Einheiten mehr produziert werden? Geben Sie an, wieviel Einheiten der einzelnen Produkte auf den jeweiligen Automaten abgefüllt werden (Eine Berechnung der Kosten ist nicht erforderlich)!

Da die Kapazität des Automaten B mittlerweile ausgeschöpft ist, muss die zusätzliche Menge auf einem anderen Automaten produziert werden. Aufgrund der geringsten variablen Stückkosten empfiehlt sich hierfür Automat C. Da dort jedoch bereits Produkt 2 hergestellt wird, kommt es nunmehr zu einem Engpass (500 x 2 + 750 x 3 = 3.250 Minuten).

Um festzustellen, welches Produkt auf welchen Automaten verlagert wird, müssen die spezifischen Mehrkosten bestimmt werden, die hierdurch entstehen. Es wird dann die Verlagerung durchgeführt, bei der diese Mehrkosten minimiert werden.

Abfüllautomat	Produkt (1)	Produkt (2)
A	(11,00-7,50) / 3 = 1,166	---
B	---	(12,50-7,00) / 2 = 2,75
C	---	---
D	(10,00-7,50) / 3 = **0,833**	(10,50 - 7,00) / 2 = 1,75

Mithin wird bei Erreichen der Kapazitätsgrenze von Maschine C die Produktion von Produkt 1 auf Maschine D verlagert, wobei zu beachten ist, dass nur ganze Stück produziert werden können. Da die Kapazität von 3.000 Minuten nicht überschritten werden kann, muss der eigentlich korrekte Wert für Produkt 1 auf Maschine C von 666,67 auf 666 abgerundet werden.

Es ergeben sich folgende Produktionsmengen:

Abfüllautomat	Produkt (1)	Produkt (2)	Benötigte Kapazität
A	0	1.000	3.000
B	1.500	0	3.000
C	666	500	2.998
D	84	0	336

Klausur Nr. 3: Lösungshinweise

Matrikel-Nr.: ____________

Aufgabe 1: Einzahlungen / Auszahlungen, Einnahmen / Ausgaben, Erträge / Aufwendungen, Erlöse / Kosten **20 P**

a) Peter N. betreibt seit einigen Jahren in einer Hochschulstadt einen kleinen Verlag für Vorlesungsskripte der örtlichen Hochschule. Er **(10 P)** führt sich noch einmal die im letzten Geschäftsjahr zu verzeichnenden Geschäftsvorfälle seiner Personengesellschaft vor Augen:

1) Für ein Kopiergerät hat Peter N. vor 2 Jahren € 6.000 bar bezahlt. Die Nutzungsdauer beträgt gemäß der steuerrechtliche AfA-Tabelle 4 Jahre. Er geht jedoch davon aus, dass er das Gerät 6 Jahre nutzen kann.
2) Für Miete, Strom und Material sind € 15.000 angefallen, die Peter N. als verlässlicher Kaufmann sofort bei Fälligkeit von seinem Konto überwiesen hat.
3) Die Studentenvertretung hat ihm Skripte für € 15.000 abgekauft, die jedoch erst am Anfang des folgenden Geschäftsjahres bezahlt wurden. Darüber hinaus hat er gegen Barzahlung Skripte im für € 5.000 direkt an Studenten verkauft.
4) Für bereits im vorletzten Geschäftsjahr an die Studentenvertretung gelieferte Skripte erhielt er wie vereinbart im letzten Geschäftsjahr den Rechnungsbetrag in Höhe von € 15.000 überwiesen.
5) Da ihn seine neue Tätigkeit voll in Anspruch nimmt, hat er seine Stelle bei einem örtlichen Schnellimbiss aufgegeben. Dort hat er bisher € 9.600 im Jahr verdient.

Tragen Sie in die unten stehende Tabelle ein, in welcher Höhe diese Vorgänge im letzten Geschäftsjahr mit Einzahlungen/Auszahlungen, Einnahmen/Ausgaben, Erträgen/Aufwendungen oder Erlösen (bzw. Leistungen)/Kosten verbunden sind!

!

	1	2	3	4	5
Einzahlung			5.000	15.000	
Auszahlung		15.000			
Einnahme			20.000		
Ausgabe		15.000			
Ertrag			20.000		
Aufwand	1.500	15.000			
Erlöse/Leistungen			20.000		
Kosten	1.000	15.000			9.600

Matrikel-Nr.: ______________

b) Gehen Sie von den unter a) ermittelten Werten aus und erläutern Sie kurz, welche betriebswirtschaftlichen Sachverhalte mit den unten genannten Begriffspaaren analysiert werden können! Welche Schlüsse sollte Peter N. aufgrund dieser Analysen aus seinen Geschäftszahlen ziehen, wenn diese Werte auch für die Folgejahre repräsentativ sind? (Halten Sie sich bitte an die vorgegebenen Lösungsräume!) **(5 P)**

Einzahlung/Auszahlung

Der Saldo der Ein- und Auszahlungen gibt an, inwieweit sich die Liquiditätssituation geändert hat. Im vorliegenden Fall ist es im Jahr 2007 zu einem Liquiditätszuwachs in Höhe von € 5.000 gekommen. Peter N. braucht sich demnach über seine Liquiditätssituation keine Sorgen zu machen.

Ertrag/Aufwand

Anhand des Überschusses der Erträge über die Aufwendungen lässt sich erkennen, inwieweit seine Aktivitäten zu einer Erhöhung des Gesamtvermögens (nach den Regeln der externen Rechnungslegung) geführt haben. In dem hier vorliegenden Fall ist Peter N. im Jahr 2007 um € 3.500 reicher geworden. Mithin ist seine Selbstständigkeit unter diesem Aspekt positiv zu beurteilen.

Erlös/Kosten

Erlöse und Kosten unterscheiden sich von Erträgen und Aufwendungen dadurch, dass sie durch den ordentlichen Leistungsprozess verursacht werden, wobei neutraler Aufwand zu eliminieren, Zweckaufwand als Grundkosten oder ggf. Anderskosten anzusetzen und Zusatzkosten hinzuzufügen sind. Analoges gilt für die Erlöse.

Im vorliegenden Beispiel sind Anderskosten (Vorgang 1: € 1.000 statt € 1.500) und Zusatzkosten (Vorgang 5: € 9.600) anzusetzen. Dies führt dazu, dass das (interne) Betriebsergebnis negativ wird (€ -5.600). Mithin wäre es für Peter N. wirtschaftlicher, sein Geschäft aufzugeben und seine Stelle beim örtlichen Schnellimbiss wieder anzutreten.

Matrikel-Nr.: ____________

Aufgabe 2: Abgrenzungsrechnung **20 P.**

Aus der Gewinn- & Verlustrechnung eines Messerherstellers können für den Februar folgende Werte entnommen werden (in T€):

Gewinn- & Verlustrechnung

(In T€)

Auwand		Ertrag	
Materialaufwand	80	Umsatzerlöse	300
Löhne	60	sonstige betriebliche Erträge	27
Abschreibungen	70	Zinserträge	40
sonstige betriebliche Aufwendungen	30		
Steuern	10		
Zinsaufwand	8		
Außerordentliche Aufwendungen	25		
Unternehmenserfolg	84		
	367		**367**

Bei der Durchführung der Abgrenzungsrechnung sind folgende Informationen zu berücksichtigen:

- In den sonstigen betrieblichen Erträgen sind T€ 2 für Mieten aus vermieteten Gebäudeteilen sowie T€ 5 aus dem Abgang betrieblichen Anlagevermögens und T€ 20 aus erfolgswirksamer Auflösung von Rückstellungen enthalten.
- Die Zinserträge stammen aus der Anlage überschüssiger Mittel
- Von den Abschreibungen entfallen T€ 3 aus Abschreibung auf vermietete Gebäude.
- Für die betriebsbedingte Abschreibung sind anstelle der Werte aus der Finanzbuchhaltung kalkulatorische Abschreibungen in Höhe von T€ 50 anzusetzen.
- In den sonstigen betrieblichen Aufwendungen sind Verluste aus Abgang von Anlagevermögen in Höhe von T€ 10 enthalten. Die verbleibenden sonstigen betrieblichen Aufwendungen resultieren aus einem Diebstahl. Für solche Risiken werden in der internen Rechnung kalkulatorische Wagnisse in Höhe von T€ 5 angesetzt
- In den Steuern sind Steuern auf Einkommen und Ertrag in Höhe von T€ 8 sowie Grundsteuern (sonstige Steuern) für vermietete Gebäude in Höhe von T€ 2 enthalten
- Anstelle der tatsächlich gezahlten Zinsen sollen im Rahmen der Verrechnungskorrektur intern kalkulatorische Kapitalkosten in Höhe von T€ 17 angesetzt werden.
- An kalkulatorischem Unternehmerlohn fallen T€ 40 an.

a) Erläutern Sie kurz, wozu die Abgrenzungsrechnung dient und beschreiben Sie kurz ihre Schritte! **(5 P)**

Die Abgrenzungsrechnung dient dazu, aus den Erträgen und Aufwendungen des externen Rechnungswesens (Finanzbuchhaltung) die Leistungen und Kosten für die KLR abzuleiten. Dabei sind folgende Schritte zu unterscheiden:

1. Eliminierung der neutralen Erträge und Aufwendungen
2. Korrektur der Anderskosten
3. Hinzufügung der Zusatzkosten, denen im externen Rechnungswesen keine Erträge o. Aufwendungen entgegenstehen.

b) Ermitteln Sie aus den gegebenen Informationen mit Hilfe der Abgrenzungsrechnung die Kosten und Leistungen der internen Erfolgsrechnung, indem Sie die nachfolgende Tabelle ausfüllen! Bestimmen Sie insbesondere folgende Werte: **(15 P)**

- das Ergebnis der gewöhnlichen Geschäftstätigkeit (externes Rechnungswesen)
- das außerordentliche Ergebnis (externen Rechnungswesen)
- den Jahresüberschuss (externes Rechnungswesen)
- den internen Erfolg

Matrikel-Nr.:

		Rechungskreis I		Rechnungskreis II							
		Finanzbuchhaltung		Abgrenzungsrechnung						KLR	
		Externer Erfolg		**Betriebsfremde Aufwendungen u. Erträge**		**Außerordentliche Aufwendungen u. Erträge**		**Verrechnungskorrekturen**		**Interner Erfolg**	
	Konto	**Aufwand**	**Ertrag**	**Neutr. Aufwand**	**Neutr. Ertrag**	**Neutr. Aufwand**	**Neutr. Ertrag**	**Aufwand lt. FiBu**	**Verrechnete Kosten**	**Kosten**	**Leistungen**
1	Umsatzerlöse		300								300
2	Erhöhung/Verminderung d Bestands an fertigen u. unfertigen Erzeugnissen										
3	Andere Aktivierte Eigenleistungen										
4	Sonstige betriebliche Erträge		27		2		25				
5	Materialaufwand	80								80	
6	Personalaufwand	60						60	100	100	
7	Abschreibungen	70		3				67	50	50	
8	Sonstige betriebliche Aufwendungen	30				10		20	5	5	
9	Erträge aus Beteiligungen										
10	Erträge aus anderen Wertpapieren										
11	Sonstige Zinsen u. ähnliche Ertäge		40		40						
12	Abschreibungen auf Finanzanlagen u Wertpapiere des Umlaufvermögens										
13	Zinsen u. ähnliche Aufwendungen	8						8	17	17	
14	**Ergebnis der gewöhnlichen Geschäftstätigkeit**	**119**		xxxxxx		xxxxxx		xxxxxx		xxxxxx	
15	Außerordentliche Erträge										
16	Außerordentliche Aufwendungen	25				25					
17	**Außerordentliches Ergebnis**	**-25**		xxxxxx		xxxxxx		xxxxxx		xxxxxx	
18	Steuern vom Einkommen u. Ertrag	8								8	
19	Sonstige Steuern	2		2							
20	**Jahresüberschuss/-fehlbetrag**	**84**		xxxxxx		xxxxxx		xxxxxx		xxxxxx	
	Summe der Korrekturen	xxxxxxx	xxxxxx	5	42	35	25	155	172	xxxxxxx	xxxxxxx
	Saldo der Korrekturen	xxxxxxx		37		-10		17		xxxxxx	
	Interner Erfolg	xxxxxxx		xxxxxxx		xxxxxxx		xxxxxx		**40**	

Matrikel-Nr.: ____________________

Aufgabe 3: Betriebsergebnisrechnung (Umsatzkostenverfahren) **20 P.**

Peter M. stellt in seinem Unternehmen ausschließlich Getriebe vom Typ A und B her. Für den vergangenen Monat liegen folgende Informationen vor:

	A	B
Hergestellte Menge (Stück)	800	600
Abgesetzte Menge (Stück)	750	500
Verkaufspreis (€/Stck.)	550	750
Materialeinzelkosten gesamt (€)	150.000	125.000
Fertigungseinzelkosten gesamt (€)	250.000	160.000

Für die beiden Typen fallen zudem Gemeinkosten an, die sich wie folgt aufteilen:

Summe	Materialbereich		Fertigungsbereich		Verwaltungsbereich		Vertriebsbereich	
	fix	variabel	fix	variabel	fix	variabel	fix	variabel
196.550	40.000	41.250	25.000	41.000	5.000	0	10.000	34.300

a) Berechnen Sie den Deckungsbeitrag und das interne Betriebsergebnis (sofern sachgerecht je Produkt) für den vergangenen Monat nach dem Umsatzkostenverfahren auf Teilkostenbasis mit Hilfe der Zuschlagskalkulation! Fassen Sie hierbei die Verwaltungs- und Vertriebsgemeinkosten zusammen! **(5 P)**

Leistungen/Kosten	Gesamt (€/Monat)	Zuschlagssätze	Produkt A	Produkte B
Nettoerlös	787.500,00		412.500,00	375.000,00
MEK	275.000,00		150.000,00	125.000,00
var. MGK	41.250,00	15,00	22.500,00	18.750,00
FEK	410.000,00		250.000,00	160.000,00
var. FGK	41.000,00	10,00	25.000,00	16.000,00
Var. HK	767.250,00		447.500,00	319.750,00
- Bestandsver	81.260,42		27.968,75	53.291,67
Var. HK_U	685.989,58		419.531,25	266.458,33
Var. VwVtGK	34.300,00	5,00	20.976,88	13.323,12
Var. SK_U	720.289,58		440.508,13	279.781,45
Deckungsbeitratg	67.210,42		-28.008,13	95.218,55
Fixkosten	80.000,00			
Intern. Betriebsergebnis	-12.789,58			

Matrikel-Nr.: ____________________

b) Greifen Sie auf Ihr Ergebnis aus Aufgabe a) zurück und geben Sie an, welche Getriebe kurzfristig weiterproduziert werden sollen! Begründen Sie Ihre Antwort und geben Sie an, auf welchen Betrag sich das interne Betriebsergebnis cet. par. erhöhen würde! **(5 P)**

Da Getriebe A einen negativen Deckungsbeitrag erwirtschaftet, sollte seine Produktion eingestellt werden. Hierdurch fallen sowohl die damit verbundenen Umsätze als auch die zugehörigen variablen Kosten fort. Das interne Betriebsergebnis wird sich um € 28.008,13 auf € 15.218,55 erhöhen.

Matrikel-Nr.: ____________________

Aufgabe 4: Programmoptimierung mit Hilfe der Simplex-Methode

Die Schubert AG erwirtschaftet mit den drei Produkten (A), (B) und (C) jeweils 5, 15 und 10 € Deckungsbeitrag. Bei der Produktion muss jedes Produkt vier Maschinen durchlaufen. Die insgesamt zur Verfügung stehende Maschinenkapazität sowie die Inanspruchnahme der Maschinen bei der Produktion der einzelnen Produkte werden aus der unten stehenden Tabelle ersichtlich. **20 P.**

Maschine	t_A (Min./Stück)	t_B (Min./Stück.)	t_C (Min./Stück)	T (Min./Monat)
1	6	10	8	1.100
2	5	20	10	600
3	10	5	15	1.150
4	4	10	4	600

a) Einer Ihrer Kollegen hat bereits versucht, das optimale Produktionsprogramm mit Hilfe der Simplexmethode zu bestimmen. Leider hat er dabei jedoch die Übersicht verloren. Helfen Sie ihm, indem Sie die fehlenden Werte in den unten stehenden Tableaus eintragen! **(10 P)**

N	N	N	B	B	B	B		
6	10	8	1	0	0	0	1.100	
5	20	10	0	1	0	0	600	◄
10	5	15	0	0	1	0	1.150	
4	10	4	0	0	0	1	600	
5	**15**	**10**	0	0	0	0	0	
	▲							

N	**B**	**N**	**B**	**N**	**B**	**B**		
7/2	**0**	**3**	**1**	**–1/2**	**0**	**0**	**800**	
1/4	1	1/2	0	1/20	0	0	30	◄
35/4	0	25/2	0	–1/4	1	0	1000	
3/2	0	-1	0	–1/2	0	1	300	
1	0	5/2	0	–3/4	0	0	–450	
		▲						

N	N	B	B	N	B	B	
2	– 6	0	1	– 4/5	0	0	620
1/2	2	1	0	1/10	0	0	60
5/2	– 25	0	0	– 3/2	1	0	350
2	2	0	0	– 2/5	0	1	360
0	– 5	0	0	– 1	0	0	–600

b) Greifen Sie ausschließlich auf das Endtableau des Aufgabenteils a) zurück und lesen Sie dort die folgende Werte bei Durchführung des Optimalprogramms ab: **(5 P)**

Produktionsmenge von A:	0 Stück
Produktionsmenge von B:	0 Stück
Produktionsmenge von C:	60 Stück
Freie Kapazität der Maschine 1:	620 Min.
Freie Kapazität der Maschine 2:	0 Min.
Freie Kapazität der Maschine 3:	350 Min.
Freie Kapazität der Maschine 4:	360 Min.
Erzielter Deckungsbeitrag	600 €

c) Im Endtableau des Aufgabenteils a) hat sich in der letzten Spalte ein Fehler eingeschlichen, der dazu führt, dass die freie Kapazität für eine Maschine dort falsch angegeben ist. Berichtigen Sie diesen Fehler nachstehend! Sie können dabei davon ausgehen, dass die aus dem Endtableau abzulesenden optimalen Produktionsmengen korrekt sind. **(5 P)**

Der Fehler hat sich bei Maschine Nr. 3 eingeschlichen. Der dort im Endtableau angegebene Wert für die freie Kapazität in Höhe von 350 Min. muss auf 250 Min. korrigiert werden.

Matrikel-Nr.: ____________

Aufgabe 5: Eigenfertigung oder Fremdbezug **20 P.**

Der Produktionsleiter der Bauer AG bittet Sie zu überprüfen, welche der unten aufgeführten Zwischenprodukte der Bauer AG kurzfristig nicht mehr selbst hergestellt sondern fremdbezogen werden sollen.

Zwischenprodukt	Einkaufspreis p_F (€/kg)	Fixkosten K_f (€/Mon.)	Produktionsmenge x (kg/Mon.)	Stückkosten k (€/kg)
A	35,-	20.000,-	1.000	65,-
B	55,-	250.000,-	5.000	100,-
C	50,-	20.000,-	500	80,-
D	50,-	100.000,-	1.000	130,-

a) Stellen Sie die Argumentation für einen Fremdbezug unter kurzfristigen Aspekten dar und geben Sie an, welche Zwischenprodukte aus diesem Grund fremdbezogen werden sollten! **(10 P)**

Da kurzfristig die Fixkosten nicht abgebaut werden können, ist für eine Entscheidung „Eigenfertigung oder Fremdbezug" allein die Relation von Einkaufspreis zu variablen Stückkosten der eigenen Fertigung relevant. Wenn die variablen Stückkosten über dem Einkaufspreis des Zwischenproduktes liegen, sollte fremdbezogen werden.

Aus den obigen Angaben lassen sich die variablen Stückkosten wie folgt berechnen:

$k_v = (x\ k - K_f) / x$

Somit ergeben sich folgende variable Stückkosten:

A: $k_A = (1.000 \text{ x } 65,- - 20.000) / 1.000 = 45,-$
B: $k_B = (5.000 \text{ x } 100,- - 250.000) / 5.000 = 50,-$
C: $k_C = (500 \text{ x } 80- - 20.000) / 500 = 40,-$
D: $k_D = (1.000 \text{ x } 130,- - 100.000) / 1.000 = 30,-$

Mithin sollten folgende Produkte fremdbezogen werden: **A**

b) Alle selbst gefertigten Produkte durchlaufen eine Granuliermaschine, die bisher keinen Engpass dargestellt hat. Es werden folgende Durchlaufzeiten je kg benötigt: **(10 P)**

Zwischenprodukt	Durchlaufzeit (Min/kg)
A	2
B	0,4
C	4
D	2

Aufgrund eines technischen Defektes stehen momentan nur 4.000 Minuten zur Verfügung sodass zwei der vier Produkte auf jeden Fall zugekauft werden müssen. Für welche Produkte soll sich die Firmenleitung entscheiden?

Aus der Antwort zu Frage a) ergibt sich bereits, dass auf jeden Fall Produkt A fremdbeschafft werden sollte. Darüber hinaus wird dasjenige Produkte fremdbezogen, für das die dadurch entstehenden spezifischen Mehrkosten am niedrigsten sind. Sie berechnen sich wie folgt:

$$\frac{\textit{Beschaffungspreis} - \text{var}.\,\textit{Stückkosten}}{\textit{Engpassentlastung}} = \textit{spezifische Mehrkosten}$$

Produkt A: $\frac{35-45}{2} = -5{,}0$ Produkt B: $\frac{55-50}{0{,}4} = 12{,}5$

Produkt C: $\frac{50-40}{4} = 2{,}5$ Produkt D: $\frac{50-30}{2} = 10{,}0$

Mithin wird neben Produkt A auch Produkt C fremd beschafft. Dieses Ergebnis wird auch bestätigt, wenn für Produkt A ebenfalls die spezifischen Mehrkosten berechnet werden (was eigentlich aufgrund des Ergebnisses aus a) nicht erforderlich ist!). Die negativen Werte bedeuten nichts anderes, als dass die Auslagerung zu einer Kostensenkung führt.

Literaturhinweise

Däumler, K.- D / Grabe, J. (2013a)
Kostenrechnung 1, 11. Aufl., Herne/Berlin: Neue Wirtschaftsbriefe

Däumler, K.-D. / Grabe, J. (2013b)
Kostenrechnung 2, Deckungsbeitragsrechnung,
10. Aufl., Herne/Berlin: Neue Wirtschaftsbriefe

Däumler, K.-D. / Grabe, J. (2015)
Kostenrechnung 3, Plankostenrechnung, 9. Aufl., Herne/Berlin: Neue Wirtschaftsbriefe

Rittich, H. (2015)
Kosten- und Leistungsrechnung im Überblick, 2. Aufl., Norderstedt: BoD - - Books on Demand

Standardwerke zur Kosten- und Leistungsrechnung

Coenenberg, A. G. / Fischer, T. M. / Günther, T. (2016)
Kostenrechnung und Kostenanalyse, 9. Aufl., Landsberg am Lech: Schäffer-Poeschel

Haberstock, L. / Breithecker, V (2008)
Kostenrechnung 1: Einführung, 13. Aufl., Wiesbaden/Berlin: Schmidt (Erich)

Haberstock, L. / Breithecker, V. (2008)
Kostenrechnung 2: (Grenz-)Plankostenrechnung,
10. Aufl., Wiesbaden/Berlin: Schmidt (Erich)

Joos-Sachse, T. (2006)
Controlling, Kostenrechnung und Kostenmanagement, 4. Aufl., Wiesbaden: Gabler

Kilger, W. / Pampel, J. R. / Vikas, K. (2012)
Flexible Plankostenrechnung und Deckungsbeitragsrechnung, 13. Aufl., Wiesbaden: Springer Gabler

Schweitzer, M./Küpper, H.-U. et. al. (2015)
Systeme der Kostenrechnung und Erlösrechnung,
11. Aufl., München: Vahlen

Weber, J. / Weißenberger, B. E. (2015)
Einführung in das Rechnungswesen, Bilanzierung und Kostenrechnung, 9. Aufl., Stuttgart: Schäffer-Poeschel

Das Gesamtwerk von **Däumler, K.-D. / Grabe, J.** zur Kosten- und Leistungsrechnung besteht aus insgesamt 4 Bänden. Die hier aufgeführten ersten drei Bände bilden umfassend die in diesem Buch behandelten Themenbereiche ab. Es handelt sich hierbei um die dem Buch zugrunde liegende Quelle, deren Inhalt für das Verständnis als bekannt vorausgesetzt wird.

Eine hierauf aufbauende prägnante Zusammenfassung und Visualisierung der wesentlichen Inhalte findet sich in **Rittich, H.**

Über diese Quelle hinaus empfiehlt sich vor allem eine tiefer gehende Auseinandersetzung mit **Coenenberg, A. G. / Fischer, T. M. / Günther, T.**, die die gleichen Sachverhalte deutlich komprimierter darstellen und das Niveau widerspiegeln, auf dem sich angehende Akademiker mit betriebswirtschaftlichen Themen auseinandersetzen müssen.